KOCHBUCH

Fisch & Wild

ORIGINALVERLAG:
Int. Nordbok, Göteborg, Schweden.

GRAFISCHES DESIGN:
Claes Franzén, Mixgruppen.

REDAKTION "WILD":
Sten Christoffersson.

REDAKTION "FISCH":
Göran Cederberg.

ÜBERSETZUNG AUS DEM SCHWEDISCHEN:
Alexander und Christiane Pankow

FOTOGRAFIEN:
Karin Mönefors.

CHEFREDAKTION:
Kerstin Strand.

Genehmigte Sonderausgabe für Orbis Verlag für Publizistik, München 1997

Druck in Portugal 1997.

ISBN: 3-572-00830-1

Kochbuch Fisch & Wild

AUS DEM SCHWEDISCHEN ÜBERSETZT VON ALEXANDER & CHRISTIANE PANKOW

Inhalt

Je mehr man über eine Rohware weiß, desto besser gelingt ihre Zubereitung. Die Natur bietet in dieser Hinsicht phantastische Reichtümer, von denen wir viel zu wenig wissen.

Dieses Wild- und Fischkochbuch enthält ein beträchtliches Fachwissen über die häufigste Jagdbeute und die meistgeangelten Fische. Dem Leser wird hier ein Grundwissen über jede besprochene Art vermittelt, doch es werden auch Tips zur Zubereitung und Verwahrung gegeben. Am Ende jedes Kapitels werden dann einige Rezepte vorgestellt, die von den besten Köchen Skandinaviens verfaßt wurden. Sie sollen Sie zu neuen Ideen in der Küche und zu Tisch inspirieren. Alle Rezepte gelten für vier Personen, falls nichts anderes angegeben ist. Am Ende des Buches sind außerdem einige Rezepte für Saucen, Bouillons und Beilagen angegeben. Viele Zutaten, die von den Köchen erwähnt werden, finden Sie dort.

Wir hoffen, daß Ihnen unser Buch viel Freude und Genuß bereit: beim Lesen und Blättern und natürlich besonders dann, wenn Sie vor dem vollendeten Gericht sitzen!

Siri Reuterstrand, Herausgeber

Vom Wald zur Küche

Wildfleisch wird größtenteils von den Jägern und ihren Familien verbraucht. Doch gibt es inzwischen auch tiefgefrorenes Wildbrett - wenn auch in begrenzten Mengen - in vielen Lebensmittelgeschäften. Feinkostläden größerer Städte bieten - abhängig von den Jahreszeiten - in der Regel ein preiswertes und abwechslungsreiches Sortiment von frischem oder tiefgefrorenem Wildfleisch an. Im Herbst wird oft frisches Fleisch besonders vom Elch und Rentier, aber auch vom Hirsch, Reh und manchmal sogar vom Wildschwein in den meisten gutsortierten Lebensmittelgeschäften angeboten. Das zum Verkauf bestimmte Fleisch muß vom Veterinär kontrolliert und bezüglich des Wildschweinfleisches auch hinsichtlich Trichinenvorkommens untersucht werden.

Das Wildfleisch ist mager und aromatisch und aus diesem Grund sowohl gesund als auch schmackhaft. Da das Tier sein ganzes Leben in natürlicher Umgebung, im Wald und auf der Wiese verbracht hat, ist sein Fleisch frei von fremden Substanzen und Chemikalien. Außerdem hat sich die Qualität des Fleisches nicht verschlechtert, was der Fall wäre, wenn das Tier im Todesaugenblick Streß erlebt hätte. Sein Tod war eher natürlich, und es hat in einer Umgebung gelebt, die ihm angenehm war und wo es sich vermehrte. Sogar wenn das Tier auf der Flucht vor dem Jäger getötet wird, erlebt es selten Streß, weil es die Tragweite der ihm drohenden Gefahr nicht vorher sehen kann. Der Jäger oder der Hund lösen lediglich einen vorprogrammierten Fluchtmechanismus aus, als wenn das Tier von einem Pilzsammler oder spielenden Kindern aufgescheucht werde. Die Umgebung eines Schlachthofes wirkt dagegen fremd und bedrohlich, die Tiere haben keine Chance, ihre natürliche Fluchtreaktion abzuleiten, wodurch Schlachttiere häufig Streß erleben, was wiederum zu einer verschlechterten Fleischqualität führt.

Dieser günstige Qualitätsvorsprung des Wildfleisches kann doch schnell verlorengehen, wenn es nach dem Schuß nicht richtig behandelt wird. Neben der Phantasie und dem Können des Kochs ist es auch die Qualität der Rohware, die das kulinarische Erlebnis einschränken kann. Damit derjenige, der am Herd steht, der Jagdbeute wirklich voll gerecht werden kann, muß das Wildbrett mit Sorgfalt und Kompetenz direkt nach dem Schuß und bis zum Zubereiten fachmännisch behandelt werden.

Nach dem Schuß

Je schneller sich der Körper des erlegten Tieres abkühlt, desto besser ist es für die weitere Verarbeitung, er darf jedoch nicht zu kalt werden. Deswegen muß Wildbrett während der Jagd kühl und luftig aufbewahrt werden; Kleinwild darf man niemals in eine Plastiktüte oder in den Rucksack packen. Mit höheren Temperaturen steigt die Gefahr eines Bakterienangriffs, daher ist es sehr wichtig, daß sich das Fleisch schnell abkühlt. Der Hase soll immer möglichst bald ausgeweidet werden. In Dänemark und auf dem europäischen Kontinent ist es üblich, damit abzuwarten und ihn einige Tage hängen zu lassen. Dies kann bei warmem Wetter recht vorteilhaft sein, da das Risiko eines Bakterienangriffs geringer ist, solange das Tier nicht geöffnet wurde, d.h. vorausgesetzt, daß die Gedärme unversehrt sind und der Inhalt der Bauchhöhle nicht ausgelaufen ist. Ein unausgeweideter Hase darf unter keinen Umständen länger als etwa vierundzwanzig Stunden abhängen, doch bedeutend länger, wenn er säuberlich ausgenommen worden ist.

Wie man einen Wildkörper ausweidet, hängt von der Wildart ab; in einschlägigen Jagdhandbüchern gibt es dazu ausgezeichnete Beschreibungen. Die Reinheit ist beim Ausweiden mindestens genauso wichtig wie die Prozedur selbst. Man muß dafür sorgen, daß sich die Bakterien nicht dort ansammeln, wo das Fleisch beim Ausnehmen offen liegt. Die Hände sollten deshalb stets sauber sein, und ein Kontakt der Innereien mit dem Inhalt des Darmes oder mit der Erde muß vermieden werden. In beiden Fällen können die Bakterien schnell Qualität und Haltbarkeit des Fleisches beeinflussen. Manchmal ist es nicht möglich, den Kontakt mit dem Darminhalt zu vermeiden - in diesem Fall soll das Fleisch unverzüglich getrocknet oder abgeschabt werden. Eine Abspülung mit Wasser sollte auf keinen Fall vorgenommen werden, weil das Wasser zum einen eher selbst Bakterien verbreitet, statt sie wegzuspülen, und zum anderen enthält das Bach- und Seewasser oft verschiedenartige Bakterien, die negativen Einfluß auf das Fleisch ausüben können.

Nach dem Ausweiden muß ein Hase möglichst bald an den Hinterbeinen entweder an einem schattigen Zweig oder außen am Rucksack frei und luftig aufgehängt werden. Vögel hängt man am Hals auf, ohne sie gleich auszunehmen. Weshalb Hase und Vögel auf diese Weise aufgehängt werden, hat damit zu tun, daß sich die wertvollsten Körperteile des Tieres ganz oben befinden und somit eventuelle Blut- und Gewebeflüssigkeitsreste schneller auslaufen. Zu Beginn der Jagdsaison ist es auch wichtig, das Wild vor Fliegen zu schützen, indem man es in einem Netzsack aufbewahrt.

Das Aufhängen des erlegte Wilds an einem kühlen und schattigen Ort ist besonders in den warmen Jahreszeiten wichtig. Wenn es draußen richtig kalt ist und das Thermometer einige Minusgrade anzeigt, kann das rasche Abkühlen unter dem Gefrierpunkt für das Wildfleisch auch schädlich sein (siehe Abschnitt "Abhängen"). In solchen Fällen ist die Aufbewahrung im Rucksack nach kurzem Abkühlen an der Luft zu empfehlen.

Es ist natürlich genauso wichtig für die Fleischqualität größerer Tiere – wie Rehe, Hirsche und Elche – daß sie sich bald abkühlen. Durch die größere Masse nimmt die Abkühlung hier längere Zeit in Anspruch als bei Kleinwild, weshalb es noch wichtiger ist, es direkt nach dem Schuß auszuweiden. Die Luft sorgt dann für ein rascheres Abkühlen der Innereien. Es gilt zugleich auch hierbei, das erlegte Tier vor zu starker Abkühlung zu schützen. Bei Außentemperaturen von ca. -10°C und ruhigen Wetterbedingungen oder bei -5°C an einem windigen Tag kann ein Elch nach mehrstündigem Liegen im Freien auch Schaden nehmen. Ein ausgeweidetes Reh kann unter solchen Bedingungen sogar völlig verdorben sein. (Die Gefahren des starken Abkühlens sind im Abschnitt "Abhängen" beschrieben.)

Während des Transports vom Jagdplatz muß darauf geachtet werden, daß die Tierkörper frei und nicht dicht beieinander, aber auch nicht zwischen Kleidungsstücken und Ausrüstung eingeklemmt liegen, insbesondere dann, wenn das Wild zum Zeitpunkt der Heimreise noch nicht richtig abgekühlt ist.

Abhängen

Keine Fleischart darf eingefroren oder verzehrt werden, ehe es nicht wenigstens einige Tage abgehangen hat. Die Muskeln eines erlegten Tieres enthalten gespeicherte Energie; nach dem Tod des Tieres müssen sie Zeit haben, sich zusammenzuziehen. Dieses Zusammenziehen nennt man Leichenstarre. Erst nach einiger Zeit, nachdem diese Energie den Kadaver verlassen und die Totenstarre aufgehört hat, darf das Fleisch eingefroren oder zubereitet werden. Friert man das Fleisch vor dem Aufhören der Totenstarre ein, wird dieser Prozeß während der Gefrierperiode gestopft, um sich während des Auftauens wieder fortzusetzen. Der Fleischsaft wird in diesem Fall aus den erfrorenen Muskelzellen herausgezwungen, was das Fleisch so gut wie ungenießbar macht. Ein in dieser Hinsicht nachlässiger Umgang mit dem Fleisch, z.B. wenn das Fleisch zu früh eingefroren oder gebraten wird, führt dazu, daß es zäh, trocken und ohne Geschmack ist und sich beim Braten zu harten Klumpen zusammenzieht. Das erklärt auch, warum kürzlich erlegtes Wild während eines frostigen Tages keine allzu starke Abkühlung erleben darf.

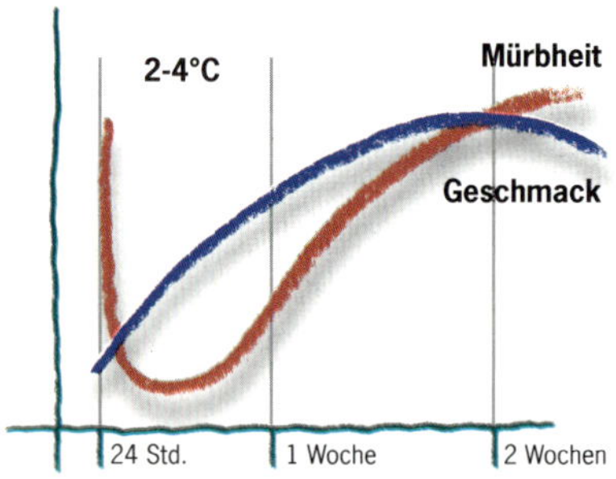

Das Diagramm zeigt, wie sich beim Abhängen zwischen 2 - 4 °C Geschmack und Mürbheit entwickeln. Nachdem die Leichenstarre aufgehört hat, wird das Fleisch mehr und mehr mürbe. Auch der Geschmack wird bis zu einem bestimmten Punkt besser, um dann wieder schlechter zu werden. Bei dieser empfohlenen Temperatur sind 2 Wochen Abhängzeit optimal.

Wildfleisch darf nur bei Plustemperaturen abhängen – es ist ein verbreiteter Irrtum, daß es mürbe wird, wenn es ein paar Monate im Tiefkühlfach liegt. Beim Abhängen wird das Fleisch der Wirkung eigener Enzyme ausgesetzt, und dieser Prozeß hat nichts mit Bakterien oder Verwesung zu tun. Es handelt sich hier um einen natürlichen Abbauprozeß, der das Fleisch nicht nur weicher, sondern auch schmackhafter macht. Daher riecht abgehangenes Fleisch niemals schlecht, sondern hat einen ganz besonderen, süßlichen Duft. Das von Bakterien angegriffene Fleisch riecht dagegen übel.

Das Abhängen braucht kürzere Zeit, je höher die Temperatur ist. Falls aber das Thermometer über 10°C anzeigt, fangen die Bakterien an, sich ebenfalls wohl zu fühlen, und das Fleisch wird dann unbrauchbar. Befolgen Sie deshalb die folgenden Anweisungen, dann bleibt das Wildfleisch auch mürbe, und es bewahrt seinen guten Geschmack.

Wildbrett soll trocken, kühl, luftig und fliegenfrei abhängen.

Die dazu benötigte Zeit hängt von der Temperatur ab; hier sind einige Faustregeln:

ÜBER +10°C: *Das Fleisch darf nur einen und höchstens zwei Tage abhängen, da das Risiko der Bakterieneinwirkung stetig zunimmt.*

5-10°C: *Eine Woche Abhängen ist optimal.*

5-0°C: *Das Fleisch kann ohne weiteres über zwei Wochen abhängen.*

UNTER 0°C: *Der Mürbeprozeß hört ganz auf.*

Bei noch längeren Zeiten wird das Fleisch noch weicher, der Geschmack jedoch schlechter und die Gefahr des Bakterienangriffs noch größer (siehe Diagramm). Junge Tiere werden schneller weich, es schadet ihnen aber nicht, genauso lange wie ältere Tiere abzuhängen.

Schmutz, Feuchtigkeit und Wärme begünstigen die Bakterien. Unsaubere Hände können Darm- oder Eiterbakterien übertragen, die eine Fleischvergiftung verursachen. Die in der Erde enthaltenen Bakterien können ebenfalls gefährlich sein. Schneiden Sie die mit dem Mageninhalt oder mit der Erde in Berührung gekommenen Fleischpartien ab. Die mit Bakterien behafteten Stellen sehen wie eine fettglänzende dünne Schicht aus. Versuchen Sie nicht, die Bakterien abzuspülen, da sie dadurch noch weiter verbreitet werden.

Das Wild muß zumindest solange abhängen, bis die Leichenstarre verschwunden ist. Das zu rasche Einfrieren macht das Fleisch zäh und trocken, im schlimmsten Fall ganz ungenießbar. Dasselbe gilt für frischerlegte Tiere, wenn sie draußen im Schnee oder bei strenger Kälte liegengelassen werden.

Vögel werden am Hals und Hasen an den Hinterbeinen abgehängt, so daß eventuelle noch vorhandenen Reste von Blut und anderen Flüssigkeiten nach unten in die weniger wertvollen Körperteile ablaufen.

Federn und Pelz sollten am besten erhalten bleiben. Das verhindert das Austrocknen und bietet Schutz gegen Bakterien.

Zu Beginn der Jagdsaison sind die Außentemperaturen häufig zu hoch, um das Wild draußen abhängen zu können. In diesem Fall soll der Mürbeprozeß im Kühlschrank stattfinden; legen Sie die Vögel auf den Rücken und die Hasen auf die Seite. Hufwild kann man häuten und zerteilen, ehe es in den Kühlschrank kommt. Falls eine Möglichkeit zur Vakuumverpackung besteht, kann das zerteilte und vakuumverpackte Wildfleisch erst eine Woche im Kühlschrank liegen, bevor es eingefroren wird.

Rupfen und Häuten

Einen Vogel zu rupfen ist sicherlich keine besonders schwere, jedoch oft zeitaufwendige Beschäftigung. Deshalb ziehen viele Jäger es vor, die Vögel stattdessen zu häuten, was nicht länger als eine Minute in Anspruch nimmt. Am besten ist es, eine Methode je nach der Vogelart zu wählen. Einige, wie Tauchenten und teilweise Gänse, sollten immer gehäutet werden, da sie unter der Haut eine tranig schmeckende Fettschicht haben, die beim Häuten zusammen mit der Haut abgezogen wird. Andere, z.B. Schneehuhn und Feldkrähe, haben eine dicke Haut, die hinsichtlich ihres Geschmacks keinen Gewinn darstellt. Schwimmenten, Tauben, Fasane, Rebhühner und Waldvögel müssen dagegen immer gerupft werden, damit sie saftig bleiben und als Gericht besser aussehen.

Beim Rupfen werden mehrere Federn fest zwischen Daumen und Zeigefinger genommen und mit einer sicheren Handbewegung herausgezupft. Die Haut der Hühnervögel ist empfindlich, so daß nur wenige Federn gleichzeitig herausgezogen werden dürfen. Enten vertragen bedeutend härtere Behandlung, wobei man gleich große Federbüschel mit einem Mal zupfen kann. Die Flügel zu rupfen ist am schwersten; sie können abgeschnitten werden. Tauben haben eine ziemlich zarte Haut und die Federn sitzen sehr locker; kein anderer Vogel ist so leicht und schnell zu rupfen wie die Ringeltaube.

Enten haben sehr viel Daunenfedern, die man am einfachsten entfernt, wenn man sie, so gut es geht, herauszupft und dann die letzten Reste mit dem Daumen wegreibt. Hühnervögel und Tauben besitzen grobe, weit auseinander stehende Daunenfedern, die am besten über einer Flamme abgebrannt werden.

Hat der Vogel bereits längere Zeit gehangen, läßt er sich noch leichter rupfen, wenn er für eine Weile in warmes Wasser gelegt und dadurch weicher wird. Eine andere, oft angewendete Methode ist, Paraffinmasse in einem Eimer zu schmelzen und den Vogel sehr kurz darin einzutauchen. Das Paraffin bleibt an den Federn haften und verklebt sie miteinander; nachdem das Paraffin erstarrt ist, kann man sie in großen Büscheln herausziehen.

Die einfachste Art, einen Vogel zu häuten, besteht darin, daß man Flügel und Beine abschneidet und den Hals einfach abhackt. Dann kneift man vorsichtig in die Brusthaut, zieht sie etwas hoch und schneidet eine Öffnung mit einer Schere oder einem Messer. Man faßt die Hautenden, zieht sie zur Seite und schließlich die ganze Haut nach hinten ab. So wird der Vogel leicht von der Haut befreit, und die Überreste können Stück für Stück entfernt werden.

Bei besonders erfolgreicher Jagd wollen die Jäger oft nur die Brust der geschossenen Vögel behalten. Das gilt vor allem bei Gänsen, Schneehühnern und Tauben. Am besten nimmt man die Brust in einem ganzen Stück heraus, so daß das Fleisch noch am Brustbein festsitzt. Das Fleisch wird dadurch nach dem Braten saftiger. Die Haut wird von der Brust abgezogen und die gesamte Brustpartie mit einer starken Schere abgetrennt. Die Flügel lassen sich am inneren Gelenk abtrennen.

Ein Vogel wird erst nach dem Rupfen oder Häuten ausgenommen. Normalerweise macht man dafür einen Schnitt vom Darmausgang bis zum Brustbein und entfernt die Innereien entweder mit der Hand oder mit einem Löffel. Dabei ist darauf zu achten, daß man Kropf, Lungen und Nieren sehr sorgfältig entfernt. Die Lungen und die Nieren befinden sich in der Rückenpartie der Vogels; sie können mit einem Löffel abgeschabt werden.

Manchmal kann es schwer sein, mit der Hand in kleinere Vögel hineinzugelangen, daher ist es besser, wenn man den Vogel in der linken Hand mit der Brustpartie zur Handfläche festhält und mit einer Schere einen Schnitt am Rückgrat entlang vom Hals bis zum Steiß macht. Die Prozedur wird auf der anderen Seite fortgesetzt und die Haut an der Kehle durchgeschnitten. Danach können Hals, Rückgrat und Steiß zusammen mit Lungen, Nieren und anderen Eingeweiden in einem Stück schnell und einfach ausgenommen werden.

Kleinwild, wie Hasen oder Kaninchen, zu häuten, ist sehr einfach. Zunächst schneidet man alle vier Pfoten ab,

danach wird die Haut an der Innenseite der Hinterbeine so aufgeschnitten, daß sich die Schnitte in der Gegend unter dem Schwanz treffen. Man befreit die Hinterbeine von der Haut mit den Finger, führt die Hand unter den hinteren Teil der Rückenhaut und zieht die Haut vom Schwanz (oder schneidet ihn mit einem Messer) ab. Wenn das Hinterteil auf diese Weise abgehäutet ist, bleibt im Prinzip nur noch übrig, die restliche Haut nach vorn über den Kopf des Tieres zu ziehen, während man mit der anderen Hand die Hinterbeine festhält. Wenn die Schulterstücke freigelegt sind, geht es leicht, die Vorderbeine eins nach dem anderen zu befreien, indem man sie aus der Haut herauszieht. Die Haut wird danach so weit wie möglich nach vorn über den Kopf gezogen und der Kopf genau unter dem Schädelansatz abgeschnitten, so daß Kopf und Haut in einem Stück abgehen.

Das Abhäuten von Hufwild verlangt eine Kombination von Muskelkraft und geschicktem Hantieren mit einem Messer sowie - beim Häuten von Elchen und großen Hirschen - eines Knüppels oder Axthammers. Rehe und kleinere Hirsche lassen sich relativ leicht abhäuten, wenn man sie am Hals auf bequemer Höhe an einer Leiter aufhängt, die an eine Wand oder an einen Baum angelehnt ist. Ein Schnitt wird um den Hals herum gemacht, ein anderer vom Kinn hinunter und dann an den Innenseiten der Vorderbeine. Nachdem die Vorderbeine an den unteren Gelenken abgehackt sind, faßt man die Haut am Hals und zieht sie langsam und methodisch herunter. Man kann dabei ein scharfes Messer zu Hilfe nehmen, um die Haut vom Fleisch zu trennen; es ist jedoch wichtig, das Fleisch vorher einzuschneiden. Am Schwanz und rund um den After zieht man die Haut mit dem Messer ab. Nachdem die Haut über die Hinterbeine gezogen wurde, können diese am Gelenk abgetrennt werden.

Einfrieren

Vögel werden in der Regel ganz eingefroren, während Hasen zuerst zerlegt werden müssen. Hasen und Kaninchen zerlegt man im Rückenteil und an den Hinter- und Vorderbeinen. Alle Teile werden einzeln eingefroren, da der Rücken lediglich einen Bruchteil der Zubereitungszeit der übrigen Teile braucht. Hufwild soll aus demselben Grund anatomisch zerstückelt werden, wodurch man die Innen- bzw. die Außenschenkel, die Fleischdünnung usw. einzeln zubereiten kann.

Das Fleisch muß zum Einfrieren ganz dicht verpackt werden, was ohne eine Vakuumverpackungsmaschine eigentlich nicht möglich ist. Sogar dicke Gefrierplastikbeutel lassen die Luft durch; der Inhalt bekommt Gefrierbrand und das Fett wird ranzig. Am besten schützt man die Fleischoberfläche, indem man jedes Stück Fleisch einzeln in eine Gefrierfolie einwickelt und dann in eine Plastikbeutel steckt, versehen mit einem Zettel mit den Angaben über den Inhalt.

Da Wildfleisch normalerweise mager ist, hält es sich lange im Tiefkühlfach. Nur Enten-, Gänse- und Wildschweinfleisch hat aufgrund seines höheren Fettgehalts eine etwas mehr begrenzte Haltbarkeit.

Räuchern von Wildfleisch

Wildfleisch ist sehr gut zum Kalträuchern geeignet. Das gilt insbesondere für etwas fetteres Wildfleisch wie z.B. Wildschwein, Wildgans oder Ente, aber auch für Keulen oder Haxen von Rentier oder Reh, für Elchherz oder andere Stücke wie z.B. die Rolle vom Elch. Das zum Räuchern bestimmte Fleisch muß sauber und fertig abgehängt und die Vögel abgehäutet sein, so daß kein Unterhautfett übrigbleibt. Vor dem Räuchern soll das Fleisch eine zeitlang in der Salzlake liegen, was in der Regel in der Räucherei erledigt wird. Nachdem das Fleisch fertig geräuchert ist, sollte es einige Tage im Kühlschrank liegen, damit es etwas trocknet (dadurch kann man es leichter in dünne Scheiben schneiden). Dann kann es auch in entsprechend großen Stücken eingefroren werden.

Beispiele für die Zerlegung von Wildbrett

Ein Hase, in sieben Stücke zerlegt. Wenn man mehr Stücke haben will und der Hase groß genug ist, kann der Sattel in kleine Teile zerlegt sowie das Hinterbein am Kniegelenk zertrennt werden.

Einen kleineren Vogel (Abb.: Birkhuhn) kann man in vier Stücke zerlegen.

Große Vögel (Abb.: Auerhahn) zerlegt man auf diese Weise in acht Stücke.

Zubereitung

Jede Wildart kommt am besten ohne vorheriges Einfrieren zur Geltung. Das tiefgefrorene Wildfleisch soll langsam und am besten im Kühlschrank auftauen.

Wir wollen nicht schon jetzt zu viel über die Zubereitung sprechen, da darüber noch später viel gesagt wird, jedoch sind einige einfache Tips an dieser Stelle angebracht:

Der häufigsten Fehler ist es, das Fleisch zu lange zu braten, wodurch es trocken wird und einen faden Geschmack bekommt. Die einfache Regel hierbei lautet: je dünner das Stück, desto kürzer das Braten. Vögel und die besten Stücke vom Hasen, mit Ausnahme vom Wildschwein, dürfen niemals so lange gebraten werden, daß sie durch sind. Mit ein wenig Übung kann man schnell abschätzen, wie das Fleisch innen aussieht, auch ohne es mit einem Holzstäbchen anstechen zu müssen, so daß der wertvolle Fleischsaft verlorengeht. Drücken Sie mit der Fingerspitze während des Bratens auf das Fleisch. Fühlt es sich an wie ein Ballon, gefüllt mit Flüssigkeit, ist es noch nicht fertig. Wenn das Fleisch aber unter dem Finger weich ist und nicht wie aufgepumpt wirkt, ist es in der Regel rosafarben auf der Innenseite und damit fertiggebraten. Leistet das Fleisch unter dem Finger einen stumpfen Widerstand, ist es bereits zu lange gebraten worden und muß schleunigst aus dem Backofen oder aus dem Topf.

Für diejenigen, die trotzdem hineinstechen wollen, gilt die Regel, daß der Fleischsaft immer noch rosafarben sein muß, wenn das Steak fertig ist. Lediglich die schlechtesten Stücke sollen so lange gebraten werden, bis der Fleischsaft völlig farblos ist.

Die Fingerspitzenmethode ist am besten für Vögel und relativ kleine Stücke geeignet. Für Ungeübte ist jedoch das Bratthermometer eine bessere Alternative, wenn es sich um große Haxen oder einen ganzen Rücken im Ofen handelt. Stecken Sie das Thermometer mit der Spitze in die Mitte des Stückes, ohne daß es mit einem Knochen in Kontakt kommt, und braten Sie es, bis die Temperatur auf 65 - 70°C ansteigt, je nach der Beschaffenheit des zerlegten Stückes.

Es ist immer ratsam, wenn das gegarte Fleisch eine Weile liegen und sich "ausruhen" kann; während dessen können Sie sich zunächst um Saucen und andere Beilagen kümmern. Wickeln Sie den Vogel oder das Fleischstück in eine Aluminiumfolie und lassen Sie es eine halbe Stunde liegen, ehe es aufgeschnitten wird. Dadurch verteilt sich die Wärme im Fleisch gleichmäßig, die Konsistenz wird etwas fester, und es läßt sich leichter tranchieren.

Sten Christoffersson

Der Hirsch

Kurze Übersicht

Die zwei häufigsten Hirscharten in Europa sind Rothirsch (Edelhirsch) und Damhirsch. Damwild ist auch auf dem europäischen Kontinent, den Britischen Inseln und in Skandinavien anzutreffen, es fehlt aber ganz in Norwegen und auf Island. Edelwild findet man dagegen auf dem gesamten europäischen Kontinent, in Großbritannien und im Westen Norwegens.

Der Damhirsch wurde bereits im 16. Jahrhundert nach Schweden als Jagdwild gebracht. Er tritt oft in dichten Populationen in Südschweden auf, vor allem in Skåne, Östergötland und Västergötland, sowie in den Tälern um den Binnensee Mälaren. Die lokale Ausbreitung setzt sich ebenfalls auf dem europäischen Festland und auf den Britischen Inseln fort. Diese Art ist dagegen nicht in Norwegen und auf Island vorhanden. Der Rothirsch kommt in den für ihn günstigen Regionen fast auf dem ganzen europäischen Kontinent, in Großbritannien und im Westen Norwegens vor.

Das Edelwild in seiner natürlichen Umgebung beobachten zu können, ist immer ein Erlebnis. Sein gewaltiges Geweih, die Brunftmähne, die stolze Haltung und die langbeinige Eleganz verraten sofort seine Artzugehörigkeit. Auch sein Bewegungsmuster ist ein Wunder an Schönheit: Kein anderes Tier in unserer Natur hat denselben fließenden Trabschritt mit hochgetragenem Kopf. Das Tier schwebt recht schnell vorwärts, ohne jegliche Anstrengung und ohne daß sein Rücken nur ein bißchen von der horizontalen Linie abweicht . Seine Größe, die rotbraune Färbung und die großen Augen tragen dazu bei, daß der Rothirsch unverwechselbar ist. Ein großes Tier kann bis zu 250 kg wiegen und eine Schulterhöhe von 150 cm erreichen.

Dem Damwild fehlt diese würdige Eleganz so gut wie ganz. Zur Sommerzeit ist seine Rückenfarbe hell nußbraun, übersät mit kleinen weißen Flecken; insgesamt kann die Färbung zwischen völlig weiß bis beinahe schwarz variieren. Im Winter wird der Rücken braunschwarz und bildet einen deutlichen Kontrast zur helleren Bauchpartie. Im Gegensatz sowohl zum Rotwild als auch zum Reh besitzt der Damhirsch einen Schwanz. Außerdem ist sein Spiegel schwarz eingerahmt. Das Damwild ist ein ausgeprägtes Rudeltier. Einmal gestört, zieht es oft in charakteristischen Vierfüßlersprüngen vorüber, allen anderen Hirscharten unähnlich. Die Hörner älterer Hirsche sind schaufelförmig, die jüngeren haben lediglich kurze Spitzen oder Stangen. Ein großer Hirsch kann bis 125 kg wiegen, seine Schulterhöhe kann 110 cm erreichen.

FAKTEN ÜBER HIRSCHE: Hirschfleisch ist von hoher Qualität, das Damwild bekam jedoch unverdient einen schlechteren Ruf. Die zur Brunstzeit erlegten Hirsche können allerdings einen etwas schlechteren Geschmack haben; im Winter legt das Damwild eine starke Fettschicht zu, die ebenfalls einen unangenehmen Talgbeigeschmack haben kann, wenn sie vor dem Zubereiten nicht sorgfältig genug entfernt worden ist.

Die Hirschjagd

Die Hirschjagd stellt immer große Anforderungen an den Jäger. Die Jagd kann im Ansitz stattfinden, d.h. der Jäger begibt sich in einen Hochsitz oder wählt einen anderen sorgfältig ausgesuchten Platz, wo er auf das Tier wartet, insbesondere zur Abenddämmerung. Mittlerweile ist besonders das Edelwild äußerst vorsichtig geworden und erscheint nicht auf offenen Stellen, ehe es fast dunkel ist. Die Zeit am frühen Morgen ist viel günstiger für den Pirschgang. Bei dieser Jagdmethode sucht der Jäger die Hirsche aktiv und versucht, sich in Schußreichweite an sie heranzuschleichen. Damhirsche sind häufig auch zur Tageszeit aktiv, daher lohnt sich sowohl der Ansitz als auch die Suchjagd während der gesamten hellen Tageszeit

In großen Arealen mit hohen Rotwildbeständen werden oft Treibjagden veranstaltet. Die Hirsche werden von der Treiberkette mit Hunden in Richtung der versteckten Schützen getrieben. Die Treibjagd von Rotwild ist indessen sehr schwer geworden. Das Wild kann die Kette in beide Richtungen durchbrechen und hin und her fliehen. Es ist jedoch möglich, die Jagd effektiver zu gestalten, indem man die Schützen ebenfalls am Ausgangsort plaziert. Die Damwildjagd kann dadurch erschwert werden, daß sich das Damwild in dichten Herden zusammendrängt und es den Jägern unmöglich wird, auf ein bestimmtes Tier zu schießen, ohne die anderen versehentlich zu treffen.

Die Jagd mit Treibhunden kommt hier ebenfalls wie bei der Rehjagd vor. Die Hirsche erweisen sich jedoch oft als bedeutend weniger arglos und zeigen sich äußerst ungern auf offenem Gelände, wenn sie menschliche Anwesenheit im Wald vermuten.

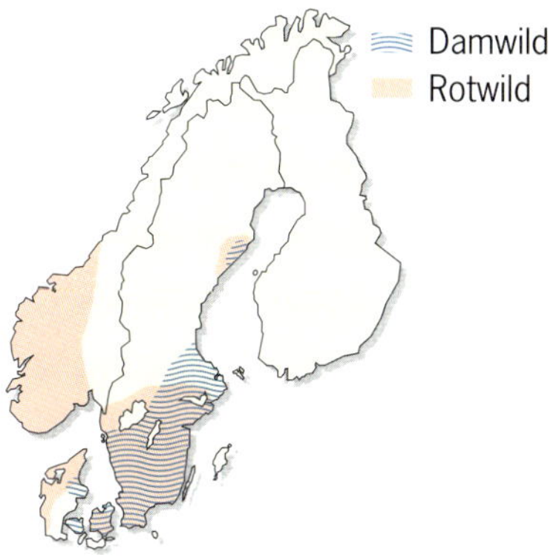

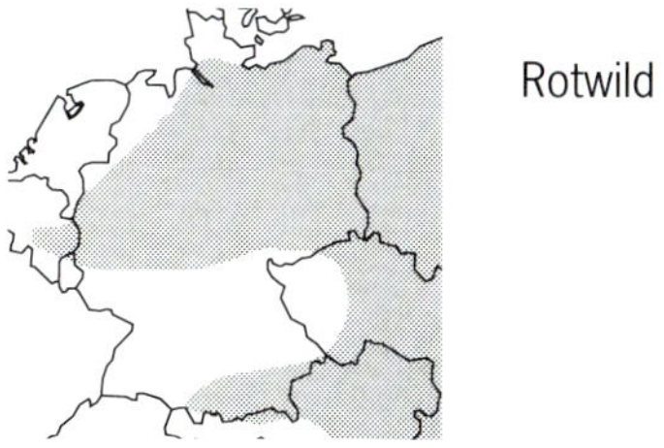

Der Hirsch in der Küche

Sowohl der Rot- als auch der Damhirsch sind große Tiere, und für diejenigen, die noch nicht genug Erfahrung damit haben, kann es beschwerlich sein, sie richtig zu zerlegen. Ein Damkalb ist ungefähr genauso groß wie ein Reh und kann auf dieselbe einfache Art zerlegt werden.

Hirschfleisch hat generell eine sehr hohe Qualität, insbesondere das Rotwild wird von den meisten als besonders wohlschmeckend angesehen. Das Damwildfleisch genießt dagegen nicht ganz denselben guten Ruf. Vielleicht sind daran schlechte Erfahrungen der Verbraucher mit einzelnen Tieren schuld, weil, wie schon erwähnt worden ist, die während der Brunstzeit erlegten Tiere tatsächlich einen schlechteren Geschmack durch die in der Winterzeit angelegte dicke Fettschicht haben. Es ist daher sehr wichtig, die Fettschicht der Rückenpartie beim Zubereiten ordentlich zu entfernen. Das gegen Ende des Winters geschossene Damwild ist magerer und von höherer Qualität als das während des Herbstes erlegte Wild.

Prinzipiell kann das Hirschfleisch auf dieselbe Weise wie Elch oder Reh zubereitet, d.h. gegrillt, gekocht, geräuchert oder gepökelt werden. Die Zubereitungsmethode hängt eher von der Beschaffenheit des zerlegten Stückes als von der Tierart ab.

DAMWILD

LATEINISCH	Cervus dama
ENGLISCH	Fallow deer
FRANZÖSISCH	Daim
SCHWEDISCH	Dovvilt
NORWEGISCH	Dådyr
DÄNISCH	Dådyr
FINNISCH	Kuusipeura

ROTWILD

LATEINISCH	Cervus elaphus
ENGLISCH	Red deer
FRANZÖSISCH	Cerf rouge
SCHWEDISCH	Kronvilt
NORWEGISCH	Kronvilt
DÄNISCH	Kronhjort
FINNISCH	Saksanhirvi

Rezepte für Hirschfleisch

Hirschfleisch kann auf dieselbe Art wie Rindfleisch zubereitet werden, darf niemals ganz durchgebraten sein. Alles Fett muß entfernt werden, besonders wenn es sich um Damwild handelt. Schneiden Sie die besten Stücke in feine Beefsteaks; sie werden nur leicht gebraten und zusammen mit Pilzen, Gelee, Sauce béarnaise oder mit einer Portion gewürfelter Rüben serviert, vorsichtig in gesalzenem Wasser oder Bouillon abgekocht. Zu alledem soll der beste Wein aus dem Keller auf den Tisch!

Hirschragout auf Pastabett mit Steinpilzen *(für 6 Personen)*

800 g gewürfeltes Hirschfleisch
1 große Zwiebel
Schale einer Zitrone
6 Wacholderbeeren
2 Eßlöffel Speiseöl
50 ml Bouillon
1 Mohrrübe
100 g Sellerie
1 Lorbeerblatt
6 Pfefferkörner
200 ml Rotwein
Pfeilwurzmehl

Steinpilz auf Pastabett:
200 g gesäuberte Steinpilze
(oder 20 g getrocknete, aufgeweicht)
1 kleine Zwiebel
2 Tomaten
450 g Pasta
1 Knoblauchzehe
4 Eßlöffel dünn geraspelten Parmesankäse
Salz und Pfeffer

Das Gemüse putzen, mit Wasser ausspülen und schneiden. Die Fleischstücke salzen, pfeffern und in einem Schmortopf zusammen mit dem Gemüse im Speiseöl anbraten. Dazu etwas Rotwein nachgießen und ihn fast vollständig einkochen lassen. Als nächsten Schritt die Bouillon hinzufügen und ca. 20 Min. kochen, den Schaum von der Brühe gut abheben und danach Gewürze (in einem kleinen Netzsäckchen) einlegen. Das Fleisch noch 40 Min. kochen, dann die Gewürze entfernen und die Brühe durchseihen. Das Fleisch warmhalten. Die Soße mit Pfeilwurz andicken und das Fleisch einlegen.

Die Pilze in Scheiben schneiden, die Zwiebel fein hacken. Die Tomaten in kochendes Wasser legen, dann schälen, herausnehmen und das Fruchtfleisch würfeln. Die Pasta nach der Anweisung auf der Verpackung kochen. Die Pilze und die Zwiebel andünsten; den Knoblauch pressen. Alles zu dem Tomatenfleisch in der Bratpfanne hinzufügen und zusammen etwa eine Minute lang braten. Das Ganze mit der Pasta vermengen, mit Salz und Pfeffer würzen. Die Pasta auf den Teller legen, das Fleisch in der Mitte des Tellers plazieren und mit feingeraspeltem Käse bestreuen.

OFENGEBRATENES HIRSCHKOTELETTSTÜCK MIT BIRNENCHUTNEY

Ofengebratenes Hirschkotelettstück mit Birnenchutney

800 g gesäubertes Hirschkotelettstück
Salz und Pfeffer
2 Birnen
50 gRosinen
2 Eßlöffel Cognac
1 Eßlöffel Honig
2 Eßlöffel Limettensaft
1 Eßlöffel Farinzucker
Öl und Butter zum Braten

Preiselbeersauce:
100 g Preiselbeeren
100 ml Wasser
50-100 g Zucker
1 Stück Zimt
Saft einer Apfelsine
Schale einer Zitrone
1 Eßlöffel Pfeilwurzmel zum Binden

Den Ofen auf 175°C erwärmen. Das Fleisch salzen und pfeffern, im Speiseöl leicht andünsten und dann im Ofen bei einer Fleischtemperatur von 60°C ca. 15 Min. braten. In eine Folie einwickeln und vor dem Servieren etwa 5-10 Min. liegen lassen.

Die Rosinen im Cognac aufweichen. Die Birne schälen, in 4 Teile aufschneiden, die Kerne entfernen. Die Teile in Scheiben schneiden, in ein wenig Butter kurz anbraten, die Rosinen und den Zucker hinzufügen; alles noch weiter braten, den Honig hinzufügen. Alles zusammen kochen lassen und mit Limettensaft abschmecken. Die Preiselbeeren mit Wasser, Zucker und Apfelsinensaft aufkochen, den Zimt und die Zitronenschale hinzufügen und eine Weile zusammen kochen. Die Zitronenschale herausnehmen, die Preiselbeeren durchseihen, mit Pfeilwurz andicken.

Als Beilage passen dazu ausgezeichnet Kartoffelpuffer (siehe Rezepte am Ende des Buches).

Das Reh

Kurze Übersicht

Das Reh ist in fast ganz Europa außer Island, Irland, Wales und den Mittelmeerinseln anzutreffen. Diese Art wurde in Skandinavien zu Beginn des 19. Jahrunderts so gut wie ausgerottet, bis nur noch eine handvoll Tiere übrigblieb. Die Nachkommen dieser kleinen Schar Rehe sowie noch zusätzlich frei ausgestzte Tiere haben später durch ihre unglaubliche Ausbreitungfähigkeit ganz Schweden, Norwegen und die finnische Westküste kolonisiert. Ihre beinahe unwahrscheinliche Fähigkeit, sich immer neue Ansiedlungsgebiete zu erobern, ist aus der sozialen Struktur der Rehpopulation zu erklären. Da sie im Gegensatz zu den übrigen Hirscharten Reviertiere sind, müssen sich die jungen Männchen eigene Reviere außerhalb der schon von anderen besetzten suchen.

Am liebsten lebt es in sich einander abwechselnden Nadel- und Laubholzwaldungen, wo es die Grenzzonen zwischen Wald und offenen Flächen bevorzugt. Ein Reh zum Beispiel in Stadtparks ist ebenfalls keine seltene Erscheinung. Seine Nahrung besteht während der Sommerzeit vorwiegend aus verschiedenen Kräutern, im Winter meistens aus Knospen, Sprossen, dünnen Zweigspitzen und Beerenreisig.

Sein Sommerkleid ist rotbraun fast wie beim Fuchs, im Winter wechselt es zu einem dicken, graubraunen Fell. Die sichersten Merkmale des Rehs sind seine Größe, das weiße Hinterteil und der fehlende Schwanz. Das erwachsene männliche Tier nennt man Rehbock (oder Bock). Je nach der Anzahl der Sprosse im Gehörn unterscheidet man zwischen Spießbock, Gabelbock und Sechsender. Das Weibchen nennt man Ricke oder einfach Reh, ein älteres Weibchen nennt man Altreh (oder Altricke), ein Jahr alte Rehe sind Schmalböcke (auch Spießböcke), und die ganz jungen Rehe werden als Kitze bezeichnet. Die Paarung findet im Spätsommer statt, die Kitze kommen jedoch erst im Mai bis Juni des darauffolgenden Jahres zur Welt. Meistens handelt es sich um zwei Kitze, es können aber auch nur eins, drei oder vier sein. Ein Schmalbock kann im Herbst das Gewicht von 15-20 kg erreichen, ein erwachsenes Tier wiegt 20-30 kg. Die Rehböcke sind etwas größer als die Ricken; das Schlachtgewicht, d.h. das Körpergewicht ohne innere Organe, Kopf, Haut und Hinterläufe, beträgt ca. 55% des lebenden Tieres.

FAKTEN ÜBER REH: Rehe sind die häufigste und meist gejagteste Hirschart. Sie halten sich hauptsächlich im Wald auf, haben sich jedoch ebenfalls an die Kulturlandschaft angepaßt und sind sogar auf landwirtschaftlichen Flächen keine Seltenheit. Das Rehfleisch hat einen recht ausgeprägten Wildgeschmack und ist aufgrund seiner kurzen Fleischfasern sehr mürbe.

Die Rehjagd

Die Rehjagd ist vielfältig. Zu Beginn einer Saison dürfen nur gehörnte Böcke erlegt werden. Der Jäger geht mit einem Kugelgewehr auf Suchjagd oder jagt im Ansitz; die Suchjagd beginnt früh am Morgen oder am Abend, wobei der Jäger versucht, in Schußweite an einen Rehbock heranzuschleichen. Beim Ansitz nimmt der Jäger eine strategisch günstige Lage ein und wartet auf das erscheinende Wild. Im Herbst und im Winter geschieht die Jagd mit Hilfe von Treibhunden. Diese Jagdart wird in Gebieten mit dichter Rehpopulation angewendet. Der Hund verfolgt das Wild bellend und im langsamen Tempo; die Rehe werden dadurch nicht gestreßt, bleiben relativ ruhig und verlassen dann meistens nicht ihre Reviere. Der Jäger sucht eine Stelle, die das Wild voraussichtlich passieren könnte. Wenn der Hund auf das Wild stößt, treibt er es eine Weile vor sich her, glücklicherweise in die Richtung eines der strategisch postierten Jäger. Insbesondere in Südschweden wird auch die Triebjagd auf Rehe veranstaltet, wobei eine aus mehreren Treibern - eventuell mit Hunden - bestehende Kette das Wild auf die Schützen treibt.

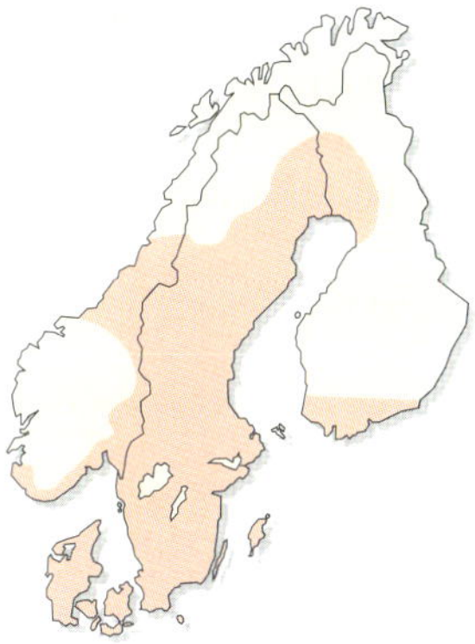

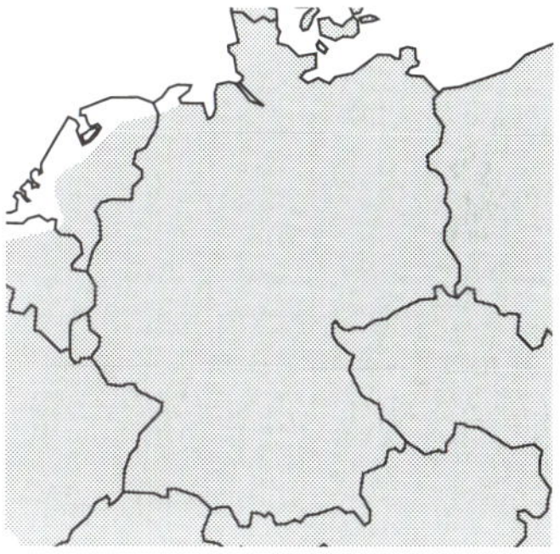

Rehfleisch in der Küche

Der hintere Teil des Rehs, der Sattel, ist das leckerste Stück, aber auch der vordere Teil des Rückens ist fast genauso fein, obwohl nicht ganz so fleischig. Es ist ratsam, die Koteletts von den Knochen zu befreien, damit sie beim Zubereiten leichter zu schneiden sind. Bei erwachsenen Tieren kann jedes Kotelett in zwei passend große Teile zerlegt werden.

Rehfleisch hat eine dunklere Farbe, ist mürbe und wohlschmeckend, mit relativ starkem Wildduft. Der Rücken zählt zu den Delikatessen, der jedoch auf keinen Fall ganz durchgebraten sein darf, da das Fleisch in diesem Fall viel von seinem feinen Geschmack und seiner beinahe unglaublichen Weichheit einbüßt. Machen Sie einen Schnitt beiderseits des Rückgrades, so daß die Wärme richtig durchdringt, und braten Sie das Stück im Backofen, bis seine Farbe leicht rosa wird. Das dauert ca. 20 Min. Lassen Sie den Sattel, in eine Folie eingewickelt, etwa 30-45 Min. schmoren, ehe er aufgeschnitten wird. Die Filets werden separat gebraten. Koteletts und Keulen kann man auf viele verschiedene Arten zubereiten. Der kräftige Geschmack erlaubt kräftiges Würzen mit z.B. Wacholderbeeren, Thymian oder anderen geschmacksreichen Gewürzen.

REH

LATEINISCH	Capreolus capreolus
ENGLISCH	Roe deer
FRANZÖSISCH	Chevreuil
SCHWEDISCH	Rådjur
NORWEGISCH	Rådyr
DÄNISCH	Rådyr
FINNISCH	Metsäkauris

Rezepte für Rehfleisch

Der starke Geschmack des Rehfleisches verlangt nach Gewürzen mit ausgeprägtem Charakter wie z.B. Wacholder oder anderen Waldfrüchten. Der Genuß des weichen Fleisches wird durch etwas derbere Weine erhöht, am besten aus der Rhônegegend.

Rehbraten mit Kohl und Schwarzwurzel *(für 8-10 Personen)*

1 Keulensteak vom Reh, ca. 2,5 kg
etwas Fett
Salz, Pfeffer
10-12 Schwarzwurzeln
Schale einer Zitrone
Olivenöl
grüner Pfeffer
100 ml guter roter Weinessig, am besten Balsamessig
2-3 Salbeiblätter
1-2 Schalotten
Blätterteig

Sauce:
0,5 l guter Wildfond oder Hühnerbouillon
1 Zwiebel
etwas Sellerie
1 Stielchen Thymian
Salz, Pfeffer
(eventuell 1 Löffel Butter)

Garnierung: 2 Spitzkohl

Bitten Sie Ihren Wildhändler, das Steak vorzubereiten, d.h. die Knochen zu lösen, jedoch für den Fond mitzuliefern.

Lassen Sie das Steak bei Zimmertemperatur eine Weile liegen, mindestens eine Stunde vor dem Braten, evt. auch länger, so daß sich das Steak gleichmäßig auf 20°C erwärmt.

Braten Sie es dann, gesalzen und gepfeffert, in einer mit etwas Rehfett eingefetteten Backpfanne ca. 45 Min. Das Fleisch ist gar, wenn es eine rosarote Färbung bekommt, in der Regel, wenn das Fleischthermometer 70°C anzeigt. Lassen Sie das Fleisch vor dem Tranchieren mindestens eine Viertelstunde ruhen.

Zur Zubereitung der Sauce: Kochen Sie die Backpfanne mit Weinessig ab (bis sie beinahe trocken ist), gießen Sie etwas Bouillon dazu, fügen Sie auch noch ein wenig Salbei und die Hälfte der Schalotte hinzu, und lassen Sie das Ganze zusammen kochen, bis es richtig gut schmeckt. Geben Sie dazu noch Salz und Pfeffer und runden Sie alles mit einem Löffel Butter ab.

Die Schwarzwurzeln schälen und in leicht gesalzenem Wasser, mit etwas Zitrone kochen, dann herausnehmen, abtropfen lassen, in ca. 5 cm lange Stücke schneiden. Zum besserem Geschmack ein paar Tropfen Olivenöl, eine geriebene Zitrone, zerquetschten grünen Pfeffer und etwas kleingehackte Schalotte hinzufügen.

3-4 Stückchen Schwarzwurzeln in den Teig einrollen, so daß es wie eine Frühlingsrolle aussieht, auf eine trockene und warme Pfanne legen und ca. 5 min. bei 225°C im Ofen backen, bis der Teig spröde und braun wird.

Den Spitzkohl in 6-8 Teile von der Wurzel bis zur Spitze schneiden, in leicht gesalzenem Wasser kochen; abtropfen lassen und auf eine Platte legen.

Rehragout mit Äpfeln und Erdartischocken

500 g Rehfleisch (Schulterstück)
Petersilienwurzel
1 Eßlöffel Butter
Fett von 25 g Schinkenspeck
1 gehäuften Eßlöffel Mehl
1 Schalotte
Kräuterbukett aus Thymian, Lorbeerblatt, 2-3 Stck. Wacholderbeeren
1 Eßlöffel Schimmelkäse (Roquefort)
(Wasser oder Gemüsebouillon)
1 Zwiebel
1 Eßlöffel Butter
25 gr Baconfett
Salz, Pfeffer
breitblättrige Petersilie

Beilage:
3 säuerliche Äpfel
ca. 400 g Erdartischocken
Salz, Pfeffer,
etwas Zitrone
2 Eßlöffel Speiseöl

Garnierung: Schalotte, Petersilie

Das Fleisch in große Stücke schneiden (berechnet für zwei bis drei Stck. pro Person), in Butter und Schinkenspeck kurz braten, später auch das Gemüse. Gewürze zufügen und eine Weile braten, bis alles etwas Farbe bekommt.

Das Mehl darüber streuen, umrühren, etwas Wasser oder Bouillon hinzugießen - aber nur soviel, daß alles knapp bedeckt ist. Den Deckel aufsetzen und bei geringer Wärme ruhig kochen lassen, bis das Fleisch mürbe ist. Es dauert normalerweise ca. 60 min.

Das Fleisch herausnehmen, die ca. 200 ml verbliebene Bouillon durchseihen, aufkochen, mit Salz, Pfeffer, Roquefort und eventuell mit Wacholderbeeren würzen. Das Fleisch in die Pfanne legen und warm halten.

Jeder Apfel wird geschält und in ca. 6-8 Spalten geschnitten, die Erdartischocken werden ebenfalls geschält und in zentimetergroße Würfeln geschnitten.

Speiseöl in einen recht großen Topf gießen und darin die Äpfel mit den Erdartischocken andünsten, den Saft einer Zitrone hinzufügen, ein wenig salzen. Lassen Sie alles mit verschlossenem Deckel bei schwacher Wärme sieden, gelegentlich umrühren, nach Bedarf etwas salzen und pfeffern.

Serviert wird das Ragout in einer warmen Schale, überstreut mit feingehackter Schalottenzwiebel und Petersilienblättern. Die warme Beilage aus Erdartischocken und Äpfeln wird nebenher in einer Schale serviert.

REHTOP

Rehtopf

500 g Rehfleisch (Schulter- oder Nackenstück)
1 Mohrrübe
1 rote Zwiebel
ca. 8 Champignons
300 ml Rotwein
2 Eßlöffel Weizenmehl
Salz, Pfeffer
1/2 kleine Porreestange
1 kleine Selleriewurzel
6 Wacholderbeeren
200 ml Wasser
Sojasauce

Den Rehtopf am besten schon einen Tag früher zubereiten, damit die Gewürze richtig einziehen können.

Das Fleisch ordentlich braten und in einen Topf legen, dasselbe mit dem Gemüse und den Champignons wiederholen. Die zerquetschten Wacholderbeeren und ca. 300 ml Rotwein hinzufügen, mit ein wenig Wasser auffüllen, bis alles bedeckt ist. Kochen Sie alles zusammen, bis das Fleisch fast gar ist. Zwei Eßlöffel Mehl mit etwas Wasser andicken, mit Soja anfärben, salzen und nach Bedarf mehr pfeffern.

Den Rehtopf schnell abkühlen lassen und kalt aufbewahren; am nächsten Tag wieder aufwärmen und mit gekochten Kartoffeln servieren.

Der Elch

Kurze Übersicht

Der Elch ist beinahe überall in Schweden zu Hause, er ist aber auch in Norwegen, Finnland, Rußland und in den baltischen Ländern verbreitet, wo er die größte und meist gejagte Hirschart ist.

Niemand, der einem Elch begegnet, wird seine Artzugehörigkeit anzweifeln. Die fast schwarzbraune Farbe des Oberkörpers steht in starkem Kontrast mit den hellen Beinen; das Tier bewegt sich in einem charakteristisch schwankenden und effektiven Trab fort. Ein erwachsener Elch erreicht eine Schulterhöhe von fast zwei Metern. Die männlichen Tiere werden meistens Bullen genannt, die weiblichen Tiere sind die Elchkühe und die einjährigen Tiere sind die Kälber. Das Geweih eines Bullen kann verzweigt sein wie das eines Hirschs oder auch schaufelähnlich. Nach der Anzahl der Hornspitzen werden sie Sechsender, Zehnender usw. genannt.

Der Elch hält sich in Nadel- und Mischwäldern auf, besonders dort, wo Bäume verschiedenen Alters stehen. Er verzehrt gern Gesträuch und frische Zweigspitzen in jüngeren Wäldern und auf Lichtungen. In einem älteren Wald sucht er hauptsächlich Schutz. Der Elch hat sich dem teilweise rauhen Klima und der Nachbarschaft großer Raubtiere wie Bär und Wolf angepaßt und hat aus diesem Grund im Verhältnis zu seiner Körpergröße ein ungewöhnlich hohes Reproduktionsvermögen. Die Brunstperioden liegen von September bis Oktober. Kälber, oft zu zweit, werden jedoch erst im Spätfrühling geboren, wenn es bereits genügend Nahrung gibt. Bereits in seinem ersten Herbst kann ein Kalb etwa 100 kg wiegen. Ein erwachsener Elch erreicht das Gewicht von 500 kg, eine Elchkuh von knapp 350 kg.

FAKTEN ÜBER ELCHE: Jährlich werden in Schweden um 180 000, in Norwegen 40 000 und in Finnland 70 000 Elche erlegt. Der Elch hat kaum natürliche Feinde, und die Regelung des Bestandes geschieht ausschließlich durch die Jagd. Das Elchfleisch ist mager, sein Geschmack erinnert sehr an Rindfleisch, und es kann auch auf dieselbe Art zubereitet werden.

Die Elchjagd

Die spannendste Jagd ist sicherlich die Jagd mit einem Hund, der frei oder an der Leine läuft. Der freilaufende Hund suchte den Elch selbständig und stellt ihn, d.h. zwingt den Elch durch sein mäßig aggressives Verhalten und irritierendes Benehmen, an einer Stelle stehen zu bleiben. Der Hund bellt fortdauernd, und in vielen Fällen wird er auch dabei von den alten Elchbullen und -kühen mit Kälbern angegriffen. Es ist aber sehr leicht für den Hund, diesen Anfällen auszuweichen. Während der Elch auf diese Weise aufgehalten wird, schleicht der Jäger heran, wobei er sich vom Hundegebell leiten läßt. Häufig werden an strategisch wichtigen Stellen noch Schützen plaziert, die den Elch schießen, falls der Hund mit seiner Aufgabe nicht fertig wird oder der Hundeführer den Elch aufscheucht.

Die Jagd mit dem Leinenhund unternimmt ein einsamer Jäger, der Hund spürt dabei den Elch auf und bringt den Jäger in die Nähe des Elches. Der Hund muß die ganze Zeit völlig still arbeiten und jederzeit bereit sein anzuhalten, während der Jäger die letzte Strecke allein zurücklegt. Es kommt auch die Suchjagd ohne Hund vor.

Die Jagd vom Ansitz, wenn der Jäger an einer passenden Stelle seine Position einnimmt und auf einen vorbeigehenden Elch wartet, ist in kleineren Arealen üblich. Bei der Drückjagd warten in der Regel mehrere Jäger an verschiedenen Stellen, während ein einsamer Treiber, oft mit einem Spürhund an der Leine, sich langsam und diskret im Jagdgebiet bewegt. Die Elche werden unruhig, kommen in Bewegung und zeigen sich an Stellen, wo sie von den Jägern geschossen werden können. Bei der Treibjagd sind es mehrere Personen in einer Treibkette, die durch das Jagdgebiet zieht. Durch gelegentliches Klopfen auf Baumstämme, lautes Rufen und Händeklatschen treibt die Kette die Elche in Richtung der vorsorglich postierten Schützen.

Da der Elch selten Raubtiere als natürliche Feinde hat, vollzieht sich die Regelung des Elchbestandes so gut wie ausschließlich durch die Jagd. In Schweden, Norwegen und Finnland hat man bewußt den Versuch unternommen, den Elchbestand zu vermindern, um die Schäden in der Wald- und Ackervegetation so gering wie möglich zu halten.

Elchfleisch in der Küche

Ein Elch liefert viel Fleisch von sehr hoher Qualität, es ist weich und erinnert in seinem Geschmack an Rindfleisch. Mit den besten Stücken, wie Filet, Roastbeef, Entrêcote und Rumpsteak, sollte man immer sehr behutsam umgehen, damit sie ihre Weichheit und Saftigkeit nicht verlieren. Die Schwanzrolle und manche Teile von Keulen brauchen dagegen eine längere Zeit zum Braten; Hesse und Brust sind als Gehacktes geeignet. Die Rolle ist ein neuerer Klassiker, wozu der Bauchlappen oder die Außenschenkel gut geeignet sind. Insgesamt werden jedoch die Elchstücke auf dieselbe Art wie Rindfleisch zubereitet.

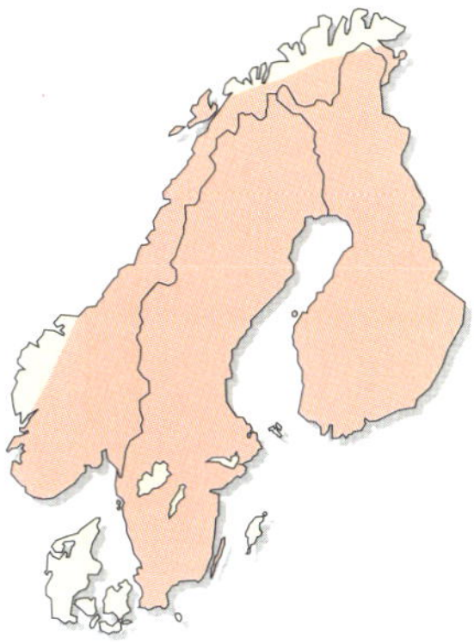

ELCH

LATEINISCH	Alces alces
ENGLISCH	Elk (Großbittannien), Moose (Amerika)
FRANZÖSISCH	Elan
SCHWEDISCH	Älg
NORWEGISCH	Elg
DÄNISCH	Elsdyr
FINNISCH	Hirvi

Elchfleischrezepte

Elchfleisch läßt sich recht leicht zubereiten. Der Wildgeschmack ist nicht besonders ausgeprägt, und die zerlegten Stücke sind solide Portionen und häufig ohne Knochen. Grundsätzlich gelten hier auch alle Rezepte für Rindfleisch, die leckersten Stücke verdienen jedoch eine zusätzliche Aufmerksamkeit sowie andere Gewürze und Beilagen. Ebereschenbeere, Wacholder, Preiselbeere und Waldpilze passen ausgezeichnet zum Elchfleisch. An Getränken wird dazu gutes helles Bier oder Rotwein mit recht kräftigem Geschmack serviert.

Elchrouladen mit Pfifferlingsfüllung

4 Scheiben Elchfleisch (Außenschenkel) je 150 g
Salz, Pfeffer

Füllung:
2 Eßlöffel Senf
8 Scheiben Schinkenspeck
1 fein gehackte Zwiebel
250 g gesäuberte Pfifferlinge

Sauce:
1 Mohrrübe
1 Zwiebel
2 Stangensellerie
400 ml Rindsbouillon
1 Lorbeerblatt
1 Knoblauchzehe
50-100 ml Sahne

Die Pilze grob schneiden und zusammen mit den Zwiebeln braten, würzen und abkühlen lassen. Das Fleisch klopfen, mit Senf bestreichen und mit Speck belegen; die Reste werden zur Garnierung aufgehoben. Die Pilzmischung verteilen, die Rouladen zusammenrollen und mit einem Garn umbinden (oder mit Zahnstochern befestigen); salzen, pfeffern, in einem Schmortopf kurz braten.

Das Gemüse putzen, abspülen, würfeln und mit den Rouladen zusammen andünsten. Die Fleischbrühe zufügen und aufkochen lassen. Bei 170°C für ca. 50 Min. mit geschlossenem Deckel in den Ofen schieben. Nach dem Herausnehmen die Rouladen warm halten. Die Fleischbrühe abgießen, etwa 400 ml abmessen, aufkochen, mit zwei Eßlöffeln in kaltem Wasser angerührtem Weizenmehl andicken, ca. 5 Min. mit 50-100 ml Sahne köcheln und danach würzen.

Die restlichen Speckscheiben werden knusprig gebraten und grob zerhackt.

Das Gericht mit Kartoffelpüree und eventuell mit roh angerührten Preiselbeeren servieren. Den Speck darüber streuen. Zu alledem kann man ein paar kleine Pfifferlinge braten und das Gericht damit garnieren.

Seemannsbeef aus Elchfleisch mit Wurzelgemüse

2 Zwiebeln
5 Kartoffeln
3 mittelgroße Mohrrüben
1/2 Kohlrübe
Salz, Pfeffer
1 Flasche dunkles Bier
700 ml Rinderbrühe

Das Gemüse und die Kartoffeln putzen und abspülen. Die geschälten Zwiebeln, die Kartoffeln und die Mohrrüben in Scheiben schneiden. Die Rüben zunächst in Scheiben und dann in kleine Dreiecke oder in einer anderen Form schneiden. Die Zwiebeln andünsten. Das Fleisch wird in einer Kasserolle zusammen mit den Zwiebeln und einem Drittel des Biers und einer Portion der Brühe gekocht. Kochen Sie dann das Gemüse und die Kartoffeln in einem anderen Topf mit den Resten der Brühe und des Bieres.

SEEMANNSBEEF AUS ELCHFLEISCH MIT WURZELGEMÜSE

Gehacktes Elchbeefsteak mit überbackenen Kartoffeln und Paprikabutter

300 g grobgehacktes Elchfleisch
100 g grobgehacktes Schweinefleisch vom Schulterstück
1/2 feingeschnittene Zwiebel
1 gepreßte Knoblauchzehe
1/2 Teelöffel Sambal Olek
Salz
ein knapper Eßlöffel Wasser

Paprikabutter:
125 g Butter
1/2 gelbe Paprika
1/2 halbe grüne Paprika
1 Eßlöffel gehackte Basilikumblätter
1 feingehackte rote Chilischote
grobgemahlener schwarzer Pfeffer, Salz

Überbackene Kartoffeln:	*1 kg Kartoffel*
600 g feste, reife Tomaten	*200 ml Brühe*
2 Zwiebeln	*1 Bund Basilikum*
50 ml Olivenöl	*100 ml Weißwein*
200 g geriebener Käse (Cheddar)	*Salz, Pfeffer*

Dem Hackfleisch etwas Wasser beimengen, damit sich alles gut schmieren läßt, vier Steaks formen und sie mit ein bißchen Butter braten. Die Ingredienzen zur Paprikabutter mischen.

Die Kartoffeln und die Zwiebeln schälen und in 0,5 cm Scheiben schneiden; die Tomaten schälen und in Scheiben schneiden. Die Basilikumblätter in Streifen schneiden. Eine ofenfeste Form mit Olivenöl einschmieren. Zwei bis dreimal eine Schicht aus Kartoffeln, Tomaten, Zwiebeln, etwas Basilikum sowie geriebenen Käse einfüllen; alles gut würzen. Heben Sie etwas Käse für später auf. Den Wein mit etwas Olivenöl und mit der Brühe vermischen, dann das Gebackene damit übergießen, bei 175°C für eine Stunde in den Ofen setzen. Während der letzten 5 Min. alles mit einer guten Portion geriebenem Käse bestreuen, die Wärme auf 200°C erhöhen und fertig gratinieren. Das Gratin und die Paprikabutter zu den Steaks reichen.

Das Wildrentier

Kurze Übersicht

Das Rentier (oder das Ren) ist die typische Hirschart der nordischen Bergregionen, der Tundra und der Taiga; einst lebte es in wild in weitgestreckten Gebieten in Norwegen, Schweden und Finnland. Das Wildrentier kommt in zwei verschiedenen Rassen vor: als Wald- bzw. als Bergrentier. In Schweden wurde das Rentier von den Lappen (Samen) ausgerottet; Schwedens letzte Exemplare wurden bereits in den 1880er Jahren erlegt. Das Bergrentier existiert heute nur noch im südnorwegischen Hochgebirge, das Wildrentier nur in Ostfinnland. Das gezähmte Rentier ist die heutige domestizierte Rentierart. Sie leben in halbwildem Zustand in großen Herden, die abhängig von vorhandenem Futter von Weideplatz zu Weideplatz ziehen. Während der Sommerperiode halten sie sich in Gebirgsregionen auf, den Winter verbringen sie in Waldgebieten.

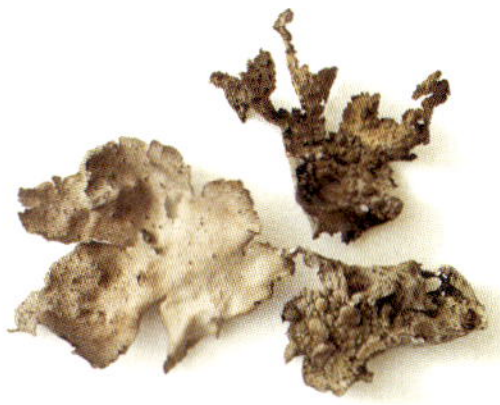

Im Gegensatz zu anderen Hirscharten tragen beide Geschlechter Geweihe, die jährlich abgeworfen werden, es kommen jedoch auch geweihlose Kühe vor. Die Kronen männlicher Tiere können sehr groß sein, zugleich sind sie bedeutend dünner und weniger verzweigt als bei den übrigen Hirscharten. Ein erwachsener Bulle erreicht eine Schultergröße bis zu 120 cm und kann bis 150 kg wiegen, die Kühe sind etwas kleiner und wiegen weniger.

Das Ren kann man am einfachsten an seinem Geweih und an seinem untersetzten Körperbau erkennen; es hat für eine Hirschart ungewöhnlich kurze Beine. Neben seinem Äußeren besitzt das Rentier noch ein besonderes Merkmal: Beim Rennen ist ein deutliches Klappern von den Hinterbeinen zu hören, das von einer Sehne an den Hufen herrührt, die bei jedem Schritt gegen einen kleinen Skelettknochen drückt.

Im Winter besteht die Nahrung hauptsächlich aus der am Boden wachsenden Rentierflechte, aus Flechten, die auf Bäumen wachsen, aus trockenem Gras sowie Weiden- und Birkenzweigen. Im Sommer wird die Nahrung um frische Sprosse und Kräuter erweitert.

FAKTEN ÜBER WILDRENTIERE: Das Wildren kommt immer noch im nordskandinavischen Gebirge, auf Spitzbergen, Grönland und in einigen Regionen von Sibirien vor. In Skandinavien wird es vorwiegend im norwegischen Gebirge gejagt, häufig aus dem Ansitz oder im Pirschgang, mit weitreichenden Waffen.

Die Jagd auf Wildrentiere

Die Jagd auf Wildrentiere hatte eine entscheidende Bedeutung bei der Erschließung der nördlichsten Regionen Skandinaviens. Heute braucht niemand mehr für sein Überleben auf die Jagd zu gehen. Die Wildrenjagd wird daher lediglich als Freizeitbeschäftigung und zur Regelung des Bestandes betrieben. Bei der modernen Jagd auf Wildrentiere, wie sie im norwegischen Hochgebirge stattfindet, handelt es sich um den ausgeprägten Pirschgang oder den Ansitz, wobei man weitreichende Kugelgewehre benutzt. Beim Pirschgang versucht der Jäger, unbemerkt an die Wildrentiere in Schußweite heranzukommen. Im Ansitz bleibt der Jäger passiv, er nimmt an einem strategisch wichtigen Punkt seinen Platz ein, wo die Tiere vermutlich vorbeiziehen werden.

Die Jagd ist beschwerlich, anstrengend für den Jäger und findet weit weg von bewohnten Trakten statt. Der Jäger ist der Einwirkung der Naturkräfte bedeutend härter als bei den meisten anderen Jagdtypen ausgesetzt. Die Windrichtung ist dabei wichtig, wie sie generell bei der Jagd auf Hufwild entscheidend ist, im Falle der Wildrenjagd ist sie jedoch ausschlaggebend. Das Ren zieht ständig gegen den Wind, das wissen die nordischen Wildrenjäger. Der Wind entscheidet hier nicht nur die Richtung, aus der sich der Jäger den Tieren nähert, sondern er gibt auch Auskunft darüber, wo sich die Herde befindet und wohin sie auf dem Weg ist. Schlägt der Wind um, ist der Jäger gezwungen, das begonnene Jagdmuster abzubrechen, die Rentiere ziehen plötzlich in eine ganz andere Richtung, oft ist das meilenweit von dem Platz entfernt, wo mit ihrer Anwesenheit eigentlich gerechnet wurde.

Rentierfleisch in der Küche

Rentierfleisch ist sehr dunkel, mager und fiberreich, es hat einen starken Wildgeschmack. Dem Rentierfleisch tut gut, in einer geschmackverstärkenden , säuerlichen Marinade, zum Beispiel mit Kräutergewürzen oder Wacholder, zu liegen. Beim Zubereiten wird das Fleisch schnell trocken, wenn es zu lange gebraten wird. Daher ist es wichtig, die Bratzeiten so anzupassen, daß die Steaks von innen noch rosa bleiben. Nur vorsichtig andünsten und generell bei recht niedriger Temperatur braten, danach das Fleisch im eigenen Saft ziehen lassen, indem es in einer Aluminiumfolie eingewickelt liegt! So erhalten Sie das beste Ergebnis.

Das Rentierfleisch eignet sich sehr gut zum Räuchern, und nach Meinung vieler übertrifft das geräucherte Rentierfleisch im Geschmack alle anderen Wildfleischsorten. Es kann ebensogut auf traditionelle Weise getrocknet werden. In schmalen, länglichen Stückchen brät man es zusammen mit Pilzen, würzt mit grobgemahlenem Pfeffer und fügt etwas Crème fraîche oder Sahne hinzu.

Serviert wird alles mit säuerlichen Zutaten, am liebsten mit solchen, die ebenfalls aus derselben Gegend, den norrländischen Bergen und Wäldern, herstammen. Frisch eingefrorene Preiselbeeren oder Moosbeeren schmecken gut in der Sauce, ebenso Moltebeerengelee. Sie können gern auch einen Salat aus dünn geschnittenen Apfelsinenscheiben und rohgeriebenen Preiselbeeren ausprobieren. Noch ein Serviervorschlag: rosafarben gebratenes Rentierfilet mit in Butter leicht gebratenen Pfifferlingen oder richtig guten Shii-Take-Pilzen, die 500 m tief in einem Bergwerk in der Nähe von Kiruna gezüchtet werden.

RENTIER

LATEINISCH	Rangifer tarandus
ENGLISCH	Reindeer
FRANZÖSISCH	Renne
SCHWEDISCH	Vildren
NORWEGISCH	Rein
DÄNISCH	Rensdyr
FINNISCH	Peura (vildren)
	Poro (tamren)

Rentierfleischrezepte

Das magere und geschmackreiche Rentierfleisch ißt man oft geräuchert oder als "renskav", d.h. gefroren oder getrocknet und in hauchdünne Scheiben geschnitten, ehe es gebraten wird. Man kann es auch auf andere Arten servieren, z.B. macht eine gute Marinade das Fleisch weich und noch reicher im Geschmack. Es kann generell mit leicht säuerlichen Zutaten serviert werden, dazu einen kräftig schmeckenden Wein, wie z.B. Rotweine aus dem Rhônetal.

Bidos

600 g frisches, knochenfreies Rentierfleisch
500 ml Wasser
1 Teelöffel Salz
6-8 Kartoffeln
1 Zwiebel
2-3 Mohrrüben
1 ml Pfeffer
1 ml getrockneter Thymian

Als Beilage: Fladenbrot

Das Fleisch in große Würfel schneiden. Wasser aufkochen und salzen; das Fleisch einlegen, mit geschlossenem Deckel 30 bis 40 Min. sieden lassen, bis es weich ist. Die Kartoffeln säubern und schneiden, die Zwiebel und die Mohrrüben würfeln. Lassen Sie sie in der Suppe die letzten 20 Min., oder bis die Kartoffeln weich sind, mitkochen. Mit Pfeffer und Thymian würzen, mit Fladenbrot servieren.

Gebeiztes Rentierfilet

600 g Rentierfilet
2 Eßlöffel Salz
1 Eßlöffel Farinzucker
1/2 Teelöffel grobgemahlener Pfeffer
1/2 Teelöffel getrockneter Thymian

Waldbeersauce:
200 ml Waldbeerjoghurt
100 ml Crème fraîche
3-4 Eßlöffel Preiselbeeren
1/2 Teelöffel Salz
1 Prise weißer Pfeffer

Sehnen und Häutchen vom Filet abziehen, die Gewürze vermischen und ins Fleisch einreiben. Das Fleisch in eine Form legen, mit Plastikfolie überziehen, darauf ein leichtes Gewicht legen und drei Tage ziehen lassen. Öfter wenden.

Alle Zutaten für die Sauce vermischen und vor dem Servieren noch ziehen lassen.

Das Fleisch in dünne Scheiben schneiden. Serviert wird es als Vorspeise mit Salat, Brot und Waldbeersauce.

GEBEIZTES RENTIERFILET

Rentierbraten
(für ca. 6 Personen)

ca. 1 kg knochenfreies Rentiersteak
1 1/2 Teelöffel Salz
1/2 Teelöffel Pfeffer
5 Wacholderbeeren
1 Mohrrübe
1/2 Selleriewurzel
250 ml Wasser
Maizena
100-200 ml Schlagsahne
Salz, Pfeffer
Sherry

Dazu: Kartoffeln, Gemüse, rohgerührte Preiselbeeren

Das Steak zusammenbinden, um eine feinere Form und gleichmäßigere Scheiben zu bekommen. Braten Sie es im Ofen 1 bis 2 Stunden bei 125°C, bis das Fleisch innen 68°C erreicht hat. Ein Steak dieser Größe reicht für ca. 6 Personen.

Reiben Sie das Fleisch mit Salz, Pfeffer und Wacholder ein, stecken Sie ein Bratthermometer in die Mitte des Steaks und legen Sie es in eine Pfanne zusammen mit den grobgeschnittenen Mohrrüben und dem Sellerie. Das Steak mit Wasser begießen und in die Mitte des Ofens plazieren. Wenn es die richtige Temperatur erreicht hat - herausnehmen und ruhen lassen.

Den Bratensaft durchseihen, das gekochte Gemüse durch ein Sieb quetschen, damit die Sauce dicker wird. Den Bratensaft mit Bouillon oder mit Wasser bis zu 500 ml verlängern, etwas mit Maizena andicken. Die Sahne anrühren, aufkochen und mit Salz, Pfeffer und Sherry abschmecken.

Schneiden Sie den Braten in Scheiben und servieren Sie ihn mit Kartoffeln, Gemüse, Sauce und rohgerührten Preiselbeeren.

Das Wildschwein

Kurze Übersicht

Das Wildschwein ist der Urahn von domestizierten Schweinen. Die Art selbst gehört zur ursprünglichen Fauna Europas, sie wurde jedoch bereits in prähistorischer Zeit vielerorts ausgerottet. In den späteren Jahrhunderten bildeten Restbestände von Wildschweinen gelegentlich wieder freilebende Stämme, die ihrerseits in großen Teilen Europas ausgerottet wurden, weil sie der Landwirtschaft große Schäden zufügten. Ausreißer aus den Tierparks und Reservaten haben sich indessen während der letzten Jahrzehnte in freiem Zustand etabliert. Heute gibt es so gut wie auf dem gesamten europäischen Kontinent beträchtliche Wildschweinpopulationen, einschließlich in ausgedehnten Teilen von Nord- und Osteuropa und dem Baltikum.

Das Wildschwein ist ein sehr starkes und kompaktes Tier mit dunklem, drahthaarigem Fell. Ein erwachsener Eber kann über 200 kg wiegen, in Osteuropa und Rußland sind die Tiere oft bedeutend schwerer. Ihre Schulterhöhe kann ungefähr eine Meter erreichen. Die nach oben gerichteten Stoßzähne des Ebers übersteigen nicht selten eine Länge von 20 cm, sichtbar sind sie jedoch nicht mehr als zu einem Drittel.

Alte Eber ziehen es vor, allein zu leben, ausgenommen zu ihrer Brunstzeit im Spätherbst und Winter. Säue, junge Keiler und Ferkel halten sich in Herden auf. Die Gebärperiode ist stark ausgedehnt, Frischlinge kommen so gut wie zu jeder Jahreszeit zur Welt, die meisten jedoch zwischen März und Mai. Eine Sau gebiert in der Regel 4-6 Frischlinge, ihren ersten Wurf kann sie schon in ihrem ersten Lebensjahr haben.

FAKTEN ÜBER WILDSCHWEINE: Das Wildschwein ist der Urahn der domestizierten Schweine, es unterscheidet sich aber wesentlich von unseren Hausschweinen. Wildschweine leben im Wald, begeben sich aber gern auf Felder, um ihre Nahrung mit Kartoffeln, Korn und Mais zu ergänzen. Das Wildschweinfleisch ist wie das gewöhnliche Schweinefleisch sehr saftig, doch es hat einen ausgeprägten Wildgeschmack und kann daher als attraktive Alternative für alle Freunde der Kochkunst angesehen werden.

Die Jagd auf Wildschweine

Wildschweine werden entweder aus dem Ansitz oder auf der Treibjagd gejagt. Im Ansitz sucht sich der Jäger lange vor dem Sonnenuntergang eine geeignete Stelle in der Nähe eines Hafer- oder Kartoffelackers, wo die Wildschweine normalerweise ihre Nahrung suchen. Nur wenige Tiere sind in der freien Natur so scheu und vorsichtig in ihrem Auftreten wie das Wildschwein. Es sind Nachttiere, die sich in der Regel nur selten an offenen Stellen vor dem Einbruch der Dunkelheit zeigen, jedenfalls nicht in den Gegenden, wo sie sich vollständig sicher fühlen können. Deshalb ist der Jäger oft auf Mondschein und ein leistungsfähiges Fernglas angewiesen.

Die Treibjagd verlangt eine bedeutend bessere Organisation als der Ansitz. Die Jäger werden vom Jagdleiter an wichtigen Punkten in undichten Waldabschnitten in der Nähe von Landschaften aufgestellt, wo man Wildschweine erwarten kann. Die Treiber bewegen sich in lockerer Kette durch die Gegend und markieren ihre Präsenz durch lautes Händeklatschen, Rufe oder Schläge gegen die Bäume. Oft benutzt man Hunde, die die Wildschweine zumeist nur kurz verfolgen, um dann zurückzukehren. Die Wildschweine setzen sich dabei selten in Bewegung, bevor sie nicht einen ordentlichen Druck verspüren; sie bewegen sich vorsichtig, beeilen sich jedoch, wenn offene Stellen überquert werden müssen. Der Schuß muß daher oft abgegeben werden, wenn die Tiere schon in Bewegung sind, was hohe Anforderungen an den Schützen stellt. Das Treffen wird jedoch durch das gleichmäßige Bewegungsmuster des Wildschweins erleichtert: Es macht keine Sprünge wie Rehe oder Hirsche.

Häufig spricht man von der Aggressivität des Wildschweins, die jedoch bedeutend übertrieben ist. Es handelt sich in diesem Fall lediglich um angeschossene oder angefahrene Wildschweine oder um Säue, die zusammen mit ihren Ferkeln überrascht werden und dann manchmal zum Angriff übergehen. Die scharfen Stoßzähne sind recht gefährliche Waffen. Mit einem schnellen Kopfstoß fügt das Wildschwein oft tiefe Wunden zu. Normalerweise attackiert es aber nur ein einziges Mal, und wenn man zur Seite springt, setzt das Wildschwein nicht zu einem erneuten Angriff an.

Wildschweinfleisch in der Küche

Für Freunde der Kochkunst lohnt es sich, Wildschweinfleisch auszuprobieren. Das Fleisch erinnert an das gewöhnliche Schweinefleisch, es hat aber einen deutlichen Wildgeschmack. Es läßt sich ausgezeichnet in größeren oder kleineren Stücken braten, wie z.B. als Kotelett. Man kann es auch räuchern. Besonders wichtig ist jedoch, daß das Tier sofort nach dem Schuß ausgenommen wird, das gilt auch für das Abhäuten. Das dicke Unterhautfett muß ebenfalls vor dem Zerlegen entfernt werden. Das Fleisch kann Trichinen enthalten, deshalb soll man von jedem erlegten Tier vor der Zubereitung ein Stück vom Zwerchfell oder von der Niere veterinärmedizinisch untersuchen lassen. Das Wildschweinfleisch im Handel ist jedoch immer auf Trichinengehalt untersucht worden.

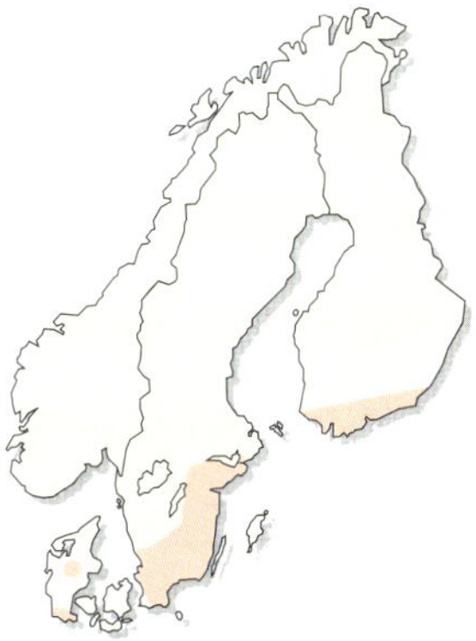

WILDSCHWEINE

LATEINISCH	Sus scrofa
ENGLISCH	Wild boar
FRANZÖSISCH	Sanglier
SCHWEDISCH	Vildsvin
NORWEGISCH	Villsvin
DÄNISCH	Vildsvin
FINNISCH	Villisika, metsäkarju

Rezepte für Wildschweinfleisch

Wildschweinfleisch ist für viele eine edlere Version des gewöhnlichen Schweinefleisches. Es hat einen stärkeren Geschmack, was nicht ausschließt, daß es für alle denkbaren Rezepte für normales Schweinefleisch geeignet ist. Koteletts oder Scheiben vom Kamm passen sehr gut zum Grillen an einem schönen Sommerabend. Serviert wird mit in Butter gebratenen frischen Kartoffeln, einer Mischung aus Crème fraîche, mit Avocado und ein paar Tropfen Zitronensaft, dazu eine kaltes Bier.

Wildschweintopf mit Ziegenkäse, Spinat und Pasta

600 g knochenfreies Wildschweinfleisch
1 Mohrrübe
1 Zwiebel
2 Knoblauchzehen
1 Lorbeerblatt
500 ml Gemüsebouillon (Würfel)

Sauce aus Ziegenkäse:
150 g französische Ziegenkäse, kleingeschnitten
100 ml Sahne
100-200 ml Brühe vom gekochten Wildschweinfleisch
1/2 Teelöffel gemahlener Kümmel

Als Beilage:
100 g gewaschener Spinat (ohne Stiele)
300 g Pasta

Das Fleisch in ca. 1,5 cm große Stücke schneiden. Zwiebel, Knoblauch und Mohrrüben putzen, in Scheiben schneiden. Das Fleisch in kaltes Wasser legen, aufkochen, dann kalt abspülen und in einen sauberen Topf zusammen mit der Brühe, dem Gemüse und den Gewürzen legen. Bei schwacher Wärme ca. 45 Min. kochen, bis das Fleisch richtig weich ist. .

Währenddessen können Sie die Zutaten für die Ziegenkäsesauce mischen. Wenn das Fleisch beinahe fertig ist, die Brühe zur Sauce hinzufügen und leicht aufkochen lassen. Die Pasta nach Vorschrift kochen. Das warme Fleisch mit einem Teil der Ziegenkäsesauce und mit dem Spinat vermengen, so daß daraus eine bindende Masse wird.

Die Pasta in einen tiefen Teller geben, etwas Käsesauce übergießen, danach kommt das Fleisch mit Sauce und Spinat auf den Teller.

In Milch gekochter Wildschweinkamm mit Kohlrabi

1 kg Wildschweinkamm
1 Knoblauch
1 Lorbeerblatt
10 Körner weißer Pfeffer
2 Thymianzweige
1000 ml Milch
200 ml Sahne
1 Teelöffel Salz
1 Teelöffel gemahlener weißer Pfeffer

Als Beilage: 1 Kohlrabi, 2 Mohrrüben, 6 Kartoffeln, 1 Eßlöffel feingehackte Petersilie.

Das Fleisch salzen und pfeffern, mit Knoblauch einreiben. In einer Bratpfanne von beiden Seiten kurz braten, in eine Kasserolle legen, mit heißer Milch übergießen und würzen.

Den Deckel auflegen und bei schwacher Wärme ca. 1,5 Stunden kochen, das Fleisch aus der Milch nehmen und warm halten.

Kartoffeln und Kohlrabi schälen, grob würfeln, in einen Topf legen. Die Hälfte der verwendeten Milch und 100 ml Sahne darauf gießen. Kohlrabi und Mohrrüben 5 Min. lang kochen, dann die Kartoffeln hinzufügen. Der Rest der Milch wird mit der restlichen Sahne zu einer Sauce mittlerer Konsistenz gekocht.

Schneiden Sie das Fleisch in Scheiben und servieren Sie es mit Kartoffeln, Kohlrabi- und Mohrrübenschwitze, vermischt mit der gehackten Petersilie.

Mariniertes Wildschweinsteak in Nudelbouillon

500 g Wildschweinschinken,
Salz, Pfeffer

Marinade:
50 ml Sojasauce
50 ml Honig
2 Eßlöffel Speiseöl
50 ml Weißweinessig
1 Eßlöffel Farinzucker

Bouillon:
700 ml Gemüse- bzw. Hühnerbrühe
2 Eßlöffel Sojasauce
1 Eßlöffel Essig

WILDSCHWEINTOPF MIT ZIEGENKÄSE, SPINAT UND PASTA

Als Beilage: 100 g Eiernudeln, 2 Mohrrüben, 1 Chili, 1 Porree, 2 hartgekochte Eier

Honig-und Sojasauce mischen. Das Fleisch salzen und pfeffern, von allen Seiten kurz anbraten und eine Weile abkühlen lassen, anschließend in die Marinade legen. Im erwärmten Ofen bei 150°C braten, ständig mit der Marinade bepinseln. Wenn das Fleisch fertig ist, wird es in eine Folie eingewickelt und warm gehalten.

Die Mohrrüben und den Porree putzen: die Mohrrüben in Stäbchen, den Porree in breite Scheiben schneiden. Den Chilipfeffer aufschneiden, die Kerne und die Mittelpartie entfernen, anschließend kleinhacken. Die Mohrrüben und der Porree werden voneinander getrennt gekocht.

Legen Sie die Nudeln in die kochende Brühe, lassen Sie sie einige Minuten kochen und dann eine Weile in der Brühe ziehen. Den Chili in die warmen Nudeln mischen. Die Nudeln und das Gemüse auf vier tiefe Teller verteilen. Etwas Brühe hinzugeben.

Auf die Nudeln kommen ein paar Scheiben Fleisch, dazu eine hartgekochte Eihälfte.

Der Hase

Kurze Übersicht

Der Hase war zu allen Zeiten eine sowohl von Jägern als auch von Köchen geschätzte Wildart. Auf dem europäischen Kontinent hat der Hase bei den Jägern auch heute einen sehr hohen Status.

Der Hase kommt in ganz Europa vor. Der Schneehase, der im Winter ein weißes Fell bekommt, ist auf Island, in Irland, in Nordskandinavien, im schottischen Hochland und in den Alpen anzutreffen, auf der Pyrenäenhalbinsel kommt der Kaphase vor. Der Feldhase, der sein braunes Fell das ganze Jahr über behält, kommt überall in Europa vor.

Ein Schneehase wiegt 3-3,5 kg, der Feldhase ca. ein Kilo mehr.

SCHNEEHASE

LATEINISCH	Lepus timidus
ENGLISCH	Mountain hare
FRANZÖSISCH	Lièvre variable
SCHWEDISCH	Skogshare (svenskhare)
NORWEGISCH	Hare
DÄNISCH	Snehare
FINNISCH	Metsäjänis

FELDHASE

LATEINISCH	Lepus capensis
ENGLISCH	Brown hare
FRANZÖSISCH	Lièvre
SCHWEDISCH	Fölthare (tyskhare)
NORWEGISCH	Sørhare
DÄNISCH	Hare
FINNISCH	Rusakko

FAKTEN ÜBER HASEN: Die Hasenjagd mit dem Hund ist eine schwere Kunst, die an den Hund hohe Ansprüche stellt. Nicht nur daß der Hase schwach riecht, er kennt auch raffinierte Methoden, seine Verfolger irrezuführen: Er macht Seitensprünge, kehrt aber dann in seine alte Spur zurück.

Die Hasenjagd

Der Hase wird häufig mit dem Stöberhund gejagt. Dabei spürt der Hund mit seinem feinen Geruchssinn die Hasenspuren auf, die der Hase nach seiner nächtlichen Futtersuche hinterlassen hat. Allmählich findet er die Spur, die zu seiner Sasse führt. Der Hase hat jedoch auf seinem Weg mehrmals lange, falsche Seitensprünge angelegt, wobei er auch noch in denselben Spuren zurückkehrte.

Da der Geruch des Hasen schwach ist, verglichen beispielsweise mit dem Reh, fordert die Jagd vom Hund nicht nur einen ausgezeichneten Geruchssinn, sondern auch methodisches Herangehen und Konzentration. Nachdem der Hase in seinem Bau gefunden wurde, begibt er sich auf die Flucht; der Hund verfolgt ihn bellend. Aufgrund seiner beträchtlichen Schnelligkeit schafft sich der Hase bald einen soliden Vorsprung, außerdem legt er unterwegs gelegentlich falsche Seitenspuren und Sprünge an. Das gibt ihm die Möglichkeit, ab und zu stehen zu bleiben, nach dem Hund zu horchen oder sich unterdessen zu putzen. Manchmal richtet sich der Hase sogar eine neue Sasse ein, während der Hund versucht, seinen Tricks und Finten zu durchschauen. Kommt der Hund zu nahe an den Hasen heran, führt ihn der Hase mit erneuten flachen Spuren irre und behält dadurch mit Leichtigkeit seinen Vorsprung.

Der Jäger bekommt aufgrund des Hundebellens allmählich ein Bild über den Verlauf der Jagd. Er nimmt seine Position an einer Stelle ein, wo seiner Erfahrung nach der Hase höchstwahrscheinlich auftauchen wird. Kommt der Hase in seine Nähe, schießt er ihn. Der Hund bekommt das Hasenherz, die Lungen und manchmal auch den Hasenkopf als Belohnung für seine Anstrengung.

Auf die oben beschriebene Art jagt man vor allem den Schneehasen. Auf flachen Ebenen wird der Feldhase normalerweise durch Frettieren oder durch Treiben gejagt. Im erstgenannten Fall geht der Jäger übers Feld und schießt die Hasen, die in Schußweite ihre Sassen verlassen. Bei der Treibjagd werden die Hasen von einer Jägerkette in Richtung der im voraus aufgestellten Schützen getrieben.

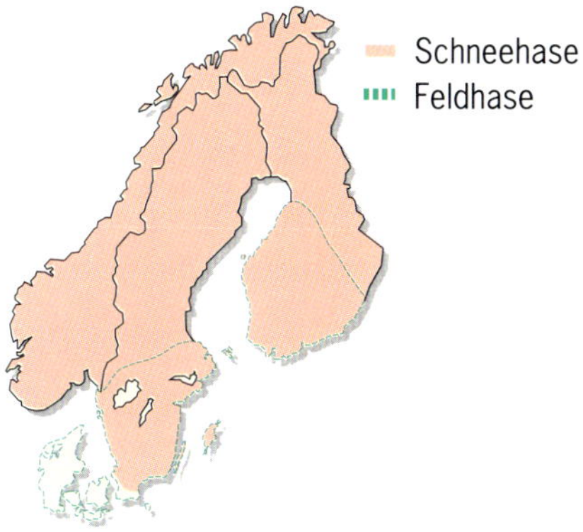

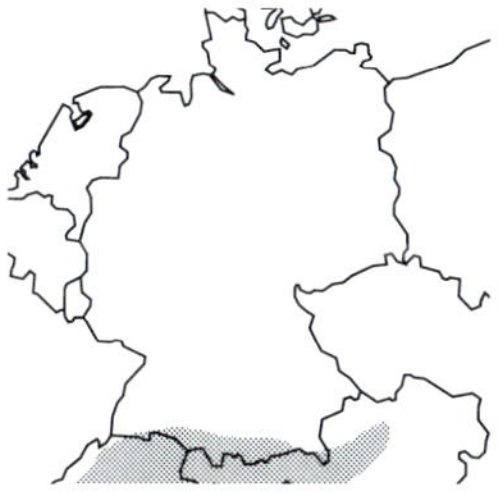

Schneehase

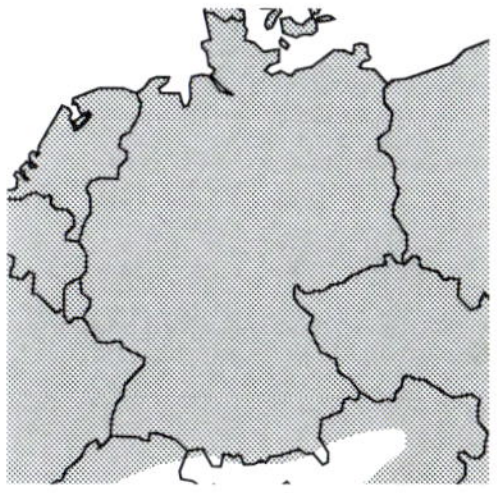

Feldhase

Die Behandlung der Jagdbeute

Ein Hase muß so bald wie möglich ausgenommen, ordentlich gesäubert und innen getrocknet werden. Er sollte eine bis zwei Wochen abhängen, vorausgesetzt, daß die Temperaturen nicht über 5°C ansteigen. Es ist nicht schwer, eine Hasen zu häuten. Man sollte ihn immer zerlegen, da die verschiedenen Stücke unterschiedlich Zubereitungszeiten verlangen.

Das Hasenfleisch ist dunkel und besitzt einen schwachen, süßlichen Duft. Der Sattel, d.h. der Rücken, muß separat zubereitet werden; dieses Fleisch ist sehr fein, verliert aber an Geschmack und wird zäh bei zu langer Zubereitungszeit. Das beste Resultat wird erreicht, wenn das Fleisch noch rosafarben ist. Vor der Zubereitung müssen alle Häute vom Sattel mit einem scharfen Messer entfernt werden, so daß reines Fleisch zu sehen ist. Die hinteren Partien sind sehr gut geeignet, als ganze Stücke oder als Eintopf zusammen mit dem Vorderteil gekocht zu werden. Dünne Seitenpartien, Unterbeine und Säuberungsreste können zum Kochen der Sauce benutzt werden.

Hasenrezepte

Anthelme Brillat-Savarin, der Vater der Gastronomie, sagte einmal, daß der Hase "vielleicht den aromatischsten Geschmack unter allen Vierbeinern" besitzt, und es fällt einem nicht schwer, dies zu bestätigen. Auf eine richtige Art zubereitet findet ein rosa gebratener Hasenrücken nur wenig Rivalen in der Küche. Und wer sich etwas mehr Mühe gibt und mit den Knochenresten eine Sauce kocht, der wird für seine Mühe reichlich belohnt. Dazu sollte man gut gelagerten roten Bordeaux oder Burgunder trinken.

Hasenfilet auf Pasta- und Brokkolibett

2 Hasenfilets
100 g Champignons
3 Scheiben stark gebratenes Schweinefleisch
1 Schalotte
100 ml Brühe
100 ml Sahne

Pasta- und Brokkolibett:
200 g Pasta
2 l Wasser
1 frischer Chili
400 g frischer Brokkoli
2 Knoblauchzehen
4 Eßlöffel Olivenöl

Die Hasenfilets in dünne Scheiben schneiden, die Champignons in sechs Teile zerlegen, das Schweinefleisch grob würfeln. Die Schalottenzwiebel fein hacken. Die Hasenstücke in einer heißen Pfanne sehr schnell andünsten, ohne daß sie verbrannt werden. Die Sahne und die Brühe hinzugießen und zusammen kochen lassen. (Sollte die Bratpfanne anbrennen, muß das Fleisch herausgenommen, die Pfanne gesäubert und erst danach gebraten werden.) Das Schweinefleisch in einer anderen Pfanne scharf anbraten. Die Zwiebel und die Champignons braten. Die Hälfte davon dem in der Sahne gekochten Hasenfleisch beimischen. Der Rest wird zur Garnierung benutzt.

Die Pasta kochen; Brokkoli in Röschen teilen, die Stiele extra abtrennen. Wasser aufkochen und salzen, darin die Stiele einlegen und 5 Min. kochen lassen. Ihnen folgen dann auch die Röschen, die ein paar Minuten weiter gekocht werden. Das Wasser durchseihen und den Brokkoli kalt abduschen. Die Knoblauchzehen werden gesäubert und in dünne Scheiben geschnitten, der Chili aufgeschnitten, die Kerne entfernt, wonach er in schmale Streifen aufgeschnitten wird. In einer Pfanne etwas Olivenöl aufwärmen und darin den Knoblauch mit Brokkoli andünsten. Pasta und Chili hinzugeben.

Die Pastamischung mit Brokkoli wird auf Teller verteilt, in die Mitte ein Häufchen Hasenragout gelegt und das ganze mit den Champignons bestreut.

Hasensuppe

2 gehäutete Hasen	*2 Zwiebeln*
1 kleine Selleriewurzel	*2 Mohrrüben*
1 Stange Porree	*5 Eßlöffel Butter*
250 ml Wildbrühe oder Wasser	*300 ml Madeira*
15 Körner weißer Pfeffer	*20 Wacholderbeeren*
1 Lorbeerblatt	*2 Thymianzweige*
2 Zweige Petersilie	*2 Teelöffel Farinzucker*
1 Teelöffel frisch geriebener Ingwer	*1 Teelöffel Salz*
Saft von einer viertel Zitrone	*200 ml Schlagsahne*

Den Hasen zerlegen und die Innen- und Außenfilets beiseite legen. Diese werden später für andere Gerichte benutzt. Der Rest wird in kleine Stücke gehackt, in eine Backpfanne gelegt und im Ofen bei 225°C gebräunt, bis alles eine gute Färbung bekommen hat.

Das Gemüse in Stücke zerschneiden und in einem großen Topf andünsten. Das Tomatenpüree hinzufügen, mit Madeira übergießen und alles zusammen einige Minuten lang köcheln.

Die gebratenen Hasenbeine in den Topf einlegen, darauf die Brühe gießen (oder Wasser) und das ganze nochmals aufkochen. Ordentlich abschäumen, die Kräuter einlegen, bei geringer Temperatur ca. zwei Stunden kochen.

Danach wird die Suppe durchgeseiht; Sie können dann individuell mit Zucker, Salz, Pfeffer und geriebenem Ingwer abschmecken. Serviert wird die Suppe mit einem Klecks Schlagsahne, mit dem Zitronensaft geben Sie der Suppe den letzten Pfiff.

Haseneintopf mit Ingwer und dunkler Schokolade

1 Hase (ca. 1,8 kg)	*2 Mohrrüben*
2 Zwiebeln	*100 g Stangensellerie*
10 Körner weißer Pfeffer	*1 Lorbeerblatt*
1 l Rotwein	*3 Eßlöffel Mehl*
1 Eßlöffel frisch geriebener Ingwer	*3 Eßlöffel Butter*

1-2 Eßlöffel geraspelte, dunkle Schokolade
Hasenbrühe (siehe Rezepte am Ende des Buches)
oder Kraftbrühe (Würfel)

Kartoffelklößchen
1,2 kg Kartoffeln, mehlige Sorte
2 Eigelb
200 g Weizenmehl

HASENFILET AUF PASTA- UND BROKKOLIBETT

Den Hasen zerlegen, Keulen und Rückenstücke abtrennen. Die Keulen an den Gelenken zerteilen, so daß die Schinkenstücke abgeteilt sind. Die Rückenstücke auf dieselbe Art nochmals zerteilen; der Sattel wird in mehrere Stücke zerschnitten. Den Fleischstücken das Gemüse und die Gewürze beimischen, alles in eine Schale legen, dazu den Wein gießen und über Nacht stehen lassen.

Die Marinade abgießen, das Fleisch trockentupfen, von allen Seiten andünsten, ebenso das Gemüse. Das ganze mit Mehl überstreuen, umrühren, in einen Bratentopf legen. Die Marinade hinzugeben und auskochen lassen, den Fond hinzugießen, im Ofen bei 150°C ca. 90 Min. braten. Danach wird das Fleisch herausgenommen, der Fond abgegossen, mit Ingwer und Schokolade angereichert; man sollte auch etwas Salz dazugeben.

Die Kartoffeln ungepellt kochen. Gepellt werden sie erst, wenn sie fertig und noch warm sind. Dann werden sie zerquetscht und mit Mehl und Eigelb zu einem geschmeidigen Teig vermischt. Den Teig zu 2 cm dicken Stangen formen, ihn in 3 cm lange Stücke zerschneiden, das Salzwasser gut aufkochen, die Kartoffelklößchen hineinlegen. Sobald sie fertig sind, steigen sie an die Oberfläche; nach dem Herausnehmen müssen sie bis zum Servieren warm gehalten werden.

Waldhühner

Kurze Übersicht

Einst spielten die drei Waldvogelarten Auerhuhn, Birkhuhn und Haselhuhn eine wichtige Rolle im Volkshaushalt. Sie waren sowohl zum Verkaufen in den Städten gedacht als auch für die eigene Ernährung. In den Zeiten vor der modernen Forstwirtschaft standen in den Wäldern Bäume unterschiedlichen Alters nebeneinander, es lagen dort auch von Stürmen umgeworfene Bäume, und allgemein waren die Wälder bedeutend feuchter als heute. In dieser Umgebung fühlte sich der Waldvogel viel wohler als in den heutigen Monokulturen, wo gleichaltrige Bäume in Reih und Glied stehen oder wo sich weitflächige Kahlschläge breitmachen. Die Waldvogelbestände gingen deshalb zunächst radikal zurück; in letzter Zeit ist jedoch eine gewisse Zunahme zu beobachten.

Das **AUERHUHN** ist ein mächtiger Vogel, der in großen Nadelwäldern zu Hause ist. Ein voll ausgewachsener Hahn wiegt über vier Kilo und kann einem Spaziergänger im Wald einen schönen Schrecken einjagen, wenn er plötzlich aus dem Blaubeergesträuch hochschießt. Die schöne rostbraune Henne ist viel kleiner. Wie viele andere Waldvögel liebt das Auerhuhn Beeren verschiedener Art, im Winter ernährt es sich hauptsächlich von Kiefernnadeln und Beerengesträuch. Die Frühlingsbalz des Auerhuhns ist, wenn sich die alten Hähne auf ihren Balzplätzen versammeln, um einander bei unblutigen Wettbewerben zu besiegen, ein prachtvolles Schauspiel mit einzigartiger Urzeitstimmung.

Das **BIRKHUHN** mit seinem geschwungenen, lyraförmigen Schwanz und blauschwarzer Federpracht, ist sicherlich einer der schönsten Vögel der Fauna. Die Henne ist mit ihren graugepunkteten Federn unansehnlicher. In seiner Größe kann sich das Birkhuhn beinahe mit dem Fasan messen. An den Wald ist es weniger gebunden als das Auerhuhn, man trifft es öfter auch auf offenen Stellen in der Nähe eines Waldes, und ihre Balzspiele halten die Birkhühner in Sumpfgegenden oder gar draußen auf den Eisschollen der Seen ab. Der melodische Bubbelton, der von ihren Balzplätzen erschallt, ist weit hörbar, wenn der Morgen kalt und still ist. Auch der Birkhahn ernährt sich größtenteils von Beeren und Beerensträuchern. Im Winter besteht seine Nahrung vor allem aus Birkenknospen.

Das **HASELHUHN** ist das kleinste der Waldhühner; es ist größer als das Rebhuhn, doch etwas kleiner als das Moorschneehuhn; es wird im allgemeinen als das vielleicht leckerste Wildgeflügel betrachtet. Den mit seinem rostrotgrauen Federmuster sehr dekorativ ausgestatteten Vogel erkennt man leicht an den schwarzen Steuerfedern am Schwanz. Der Hahn hat außerdem einen Scheitelschopf und einen Lappen. Die Art lebt in dichten Tannenwäldern und zieht die mit Erlen bewachsenen feuchten Waldabschnitte vor. Die Haselhühner ernähren sich von Beeren sowie verschiedenen Kräutern, im Winter von Knospen, Blüten und Kätzchen der Laubbäume, meistens der Erle. Im Gegensatz zu den übrigen Waldhühnern behaupten sich die Haselhähne in einem eigenen Revier und versammeln sich deshalb bei der Balz nicht auf gemeinsamen Balzplätzen.

Die Jagd auf Waldhühner

Waldhühner kann man auf unterschiedliche Art jagen, die klassische Art ist jedoch, ein Huhn vor dem bellenden Jagdhund zu schießen. Die Jagd mit dem Hund, der das in einem Baum sitzende Huhn anbellt, ist eine einzigartige, urnordische Tradition. Es handelt sich um eine typische Einzeljagd, wobei der Jäger und der Hund versuchen, das scheue Wild zu überlisten. Der Hund sucht, weit vom Jäger entfernt, nach ihrer Witterung die Nahrung suchenden Vögel und zwingt sie, hoch in die Bäume zu flüchten. Mit Hilfe von Gehör, Geruchsinn und teilweise der Sehkraft stellt der Hund fest, in welchem Baum das Huhn sitzt und fängt vor dem Baum zum Bellen an, wo er glaubt, daß sich das Huhn versteckt hält. Der Jäger wird dann von dem Bellen seines Hundes zum Jagdplatz geleitet. Die letzte Strecke muß er äußerst vorsichtig heranschleichen, sogar manchmal über längere Abschnitte kriechend, damit der Vogel keinen Verdacht schöpft und wegfliegt. Wenn es soweit ist, gilt es, sich die eigene Erfahrung und die Deutung der Signale des Hundes zunutze zu machen, den Vogel zu lokalisieren und - wenn es möglich ist – zu schießen.

Zu anderen traditionellen Jagdarten gehört die Lockjagd auf das Haselwild sowie die Birkhuhnjagd mit einem Lockvogel. Im erstgenannten Fall lockt der Jäger den Vogel in seine Schußweite mit Hilfe einer sogenannten Haselhuhnpfeife. Bei der Jagd mit dem Lockvogel werden die Birkhühner mit Hilfe von Stoff- oder Plastiklockvögeln angelockt, die Vögel ziehen dann in die Birken, wo sie häufig im Winter oder bei der Herbstbalz sitzen und sich an Birkenknospen satt fressen. In alten Zeiten wurden Birk- und Haselhühner ebenfalls bei der Balz im Frühling geschossen.

Die Jagd auf Waldhühner mit stehendem bzw. vorstoßendem Hund ist bedeutend jüngeren Datums. Wie bei der Jagd auf Feldhühner soll der Hund in strammer Haltung stehenbleiben, wenn er die Witterung eines Vogels aufnimmt und ihn nicht an den Flügeln packen, bevor ihm der Jäger dies befielt. Der vorstoßende Hund scheucht dagegen den Vogel sofort auf und darf daher immer nicht weiter als in Schußweite vom Jäger entfernt sein. Die Jagd auf Waldhühner stellt an den Hund teilweise andersartige Anforderungen als die Jagd auf Feldvögel und Schneehühner. Unter anderem wird von ihm verlangt, daß er ruhig, aber effektiv der Witterungsspur des fliehenden Auer- oder Birkwilds folgen kann.

Zur Winterzeit jagt man sowohl das Birk- als auch das Auerhuhn auf Skiern; der Jäger, in weißer Tarnkleidung, nähert sich vorsichtig den Vögeln, während sie in den Bäumen sitzen und Nahrung zu sich nehmen. Er fällt sie dann mit einem kleinkalibrigen Kugelgewehr.

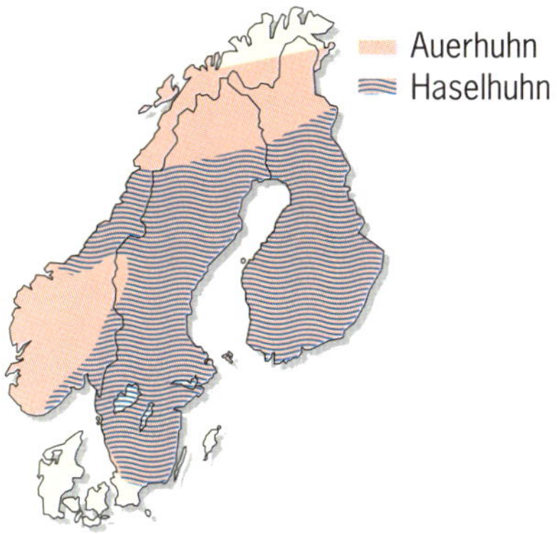

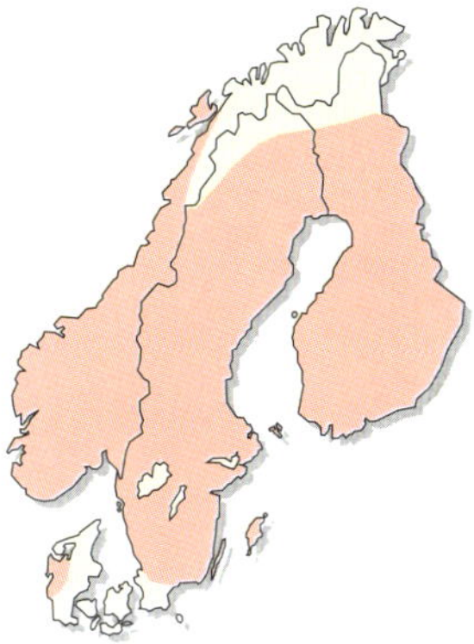

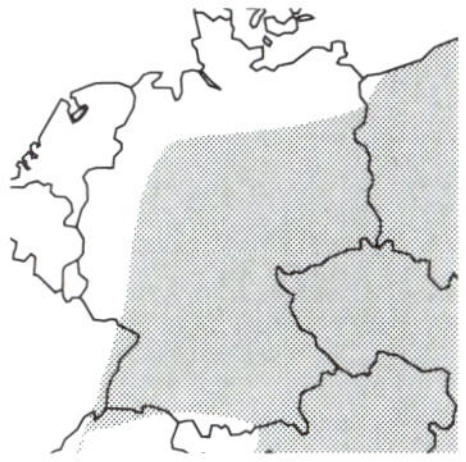

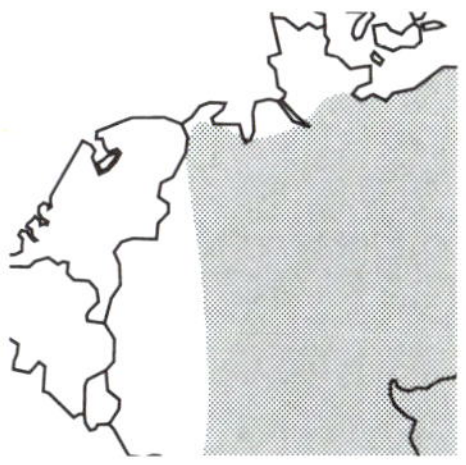

FAKTEN ÜBER WALDHÜHNER: Man kann Waldhühner auf unterschiedliche Art jagen; die klassische nordische Jagd ist die mit dem bellenden Vogelhund. Es ist die Jagd des einsamen Jägers, der zusammen mit seinem Hund versucht, das Wild zu überlisten. Auerhuhn, Birkhuhn und Haselhuhn haben weiches und feinschmeckendes Fleisch.

Waldhühner in der Küche

Wie andere Huhnarten sind auch Auerhuhn, Birkhuhn und Haselhuhn ausgesprochen kulinarische Genüsse. Das Fleisch ist - richtig zubereitet – mürbe und wohlschmeckend, besonders wenn es gebraten wird. Auch hier gilt es, den Vogel mäßig lange zu braten, er darf nicht vollständig gebraten und dadurch trocken werden. Die meisten Vögel, die bei der Jagd geschossen werden, sind junge Vögel, die keine langen Bratzeiten verlangen. Einen älteren Vogel sollte man am besten zerlegen, und die Brustpartie separat braten oder auch mit den Keulen zusammen zum Zubereiten von feinen Eintöpfen verwenden, z.B. für Coq au vin.

Der Wildgeschmack erinnert an Wald und Wiesen, daher ist es angebracht, eine Garnierung zu wählen, die an die Umgebung des Vogels denken läßt. Pilze, insbesondere Pfifferlinge und Steinpilze, die zum Wildgeflügel ausgezeichnet passen, sowie Moosbeermarmelade, eine gute Sauce oder ein Bratensaft mit frischen bzw. gefrorenen Preiselbeeren.

AUERHUHN

LATEINISCH	Tetrao urogallus
ENGLISCH	Capercaillie
FRANZÖSISCH	Grand tétras
SCHWEDISCH	Tjäder
NORWEGISCH	Storfugl
DÄNISCH	Tjur
FINNISCH	Metso (tupp), Koppelo (höna)

BIRKHUHN

LATEINISCH	Lyrurus tetrix
ENGLISCH	Tétras lyre
FRANZÖSISCH	Urfugl
SCHWEDISCH	Orre
NORWEGISCH	Urfugl
DÄNISCH	Urfugl
FINNISCH	Teeri

HASELHUHN

LATEINISCH	Tetrastes bonasia
ENGLISCH	Hazel hen
FRANZÖSISCH	Gelinotte de bois
SCHWEDISCH	Järpe
NORWEGISCH	Jerpe
DÄNISCH	Hjerpe
FINNISCH	Pyy

Rezepte für Waldhühner

Das Haselhuhn hat ein helleres Fleisch als die übrigen Waldhühner, sein Geschmack ist jedoch nicht weniger charakteristisch. Beilagen wie Pilze - besonders die geschmackreichen Pfifferlinge - passen dazu ausgezeichnet. Moosbeermarmelade, eine gute Sauce oder Bratensaft vollenden das Gericht; als Getränk sind würzige Weine empfehlenswert.

Birk- oder Auerhuhn und Moltebeersuppe

1 ganzes Birk- oder Auerhuhn
50 g blauer Schimmelkäse
2 Zwiebel
300 ml Sahne
1 1/2 l Wasser
Lorbeerblatt
150 g Moltebeeren
2 Mohrrüben
1 Pastinake
4 Eigelb
weiße Pfefferkörner
Meersalz

Als Beilage: geröstetes Brot

Den Vogel in einen Stieltopf legen, Wasser hinzugießen, kochen lassen, abschmecken. Wurzelgemüse, weißen Pfeffer, Meersalz und Lorbeerblatt hinzugeben. Lassen Sie das Fleisch kochen, bis es von den Knochen leicht abgeht.

Den Vogel aus dem Topf herausnehmen, abkühlen lassen. Das Fleisch sorgfältig von den Knochen abtrennen, in ca. 0,5 cm kleine Stücke zerschneiden.

Die Bouillon solange kochen, bis davon ca. 800 ml übrigbleibt, Moltebeeren, geriebenen Schimmelkäse und 150 ml Sahne hinzugeben. Alles ca. 30 Min. bei geringer Temperatur kochen lassen. Die Bouillon durchseihen, abschmecken.

Den Sahnerest schlagen, daß er schäumt, Eigelb hinzugeben. Die Bouillon aufkochen, die Auerhuhnwürfel hinzugeben und die Mischung aus Schaumsahne und Eigelb darüber gießen, vorsichtig umrühren. Die Bouillon darf nicht noch einmal aufkochen.

Serviert wird zum Gericht geröstetes Brot sowie leichter Rotwein.

Auerhuhn auf Jägerart

1 großes Auerhuhn (ca. 4 kg)
Rosmarin
schwarzer Pfeffer
1 Zwiebel
1/2 Pastinake
etwas Butter
Speiseöl
1 l Wasser
300 g Schinkenspeck
5-6 Wacholderbeeren
Zucker
2 Mohrrüben
1/2 Selleriewurzel
Salz
Wacholderzweig
500 ml Rotwein

Sauce:
500 ml Bouillon
3 Eßlöffel Gelee aus schwarzen Johannisbeeren
50 g Butter
5 Eßlöffel Weinbrand bzw. Cognac
3 Eßlöffel Maizena
3 Eßlöffel Rotwein
200 ml Crème fraîche

Das gehäutete Auerhuhn mit schwarzem Pfeffer, Rosmarin, etwas Zucker und Speiseöl einreiben. Fest in eine Plastikfolie einpacken und ca. 24 Stunden ziehen lassen.

In den Magen des Huhns ein Wacholderzweig einlegen, mit einem Baumwollgarn umbinden und im Ofen zusammen mit dem Wurzelgemüse andünsten.

Das ganze Auerhuhn mit Speckscheiben bedecken und in eine ofenfeste Form auf das Gemüse legen.

Wasser, Rosmarin, Pfeffer, Wacholder, Zucker und Rotwein zusammen aufkochen.

500 ml Brühe in die Form gießen; das Auerhuhn darin im Ofen bei 175°C ca. 4 Stunden braten; das Fleisch gelegentlich und wiederholt mit der Brühe begießen.

Die Sauce wird aus der Brühe zubereitet, indem Sie ihr etwas Gelee aus schwarzen Johannisbeeren, Butter, Crème fraîche und Weinbrand hinzugeben und alles vermischen; hinzu kommt auch die Maizena-Rotweinmischung.

Haselhuhn in Teigmantel

4 Bruststücke vom Haselhuhn
10 Basilikumblätter
1 Eßlöffel gehackte Mandeln
Salz
100 g geschmolzene Butter
200 g Teigmantel (papierdünne Platten aus Blätterteig)
4 Scheiben Parmaschinken
3 Eßlöffel Parmesan
1 Eßlöffel Olivenöl
schwarze Pfefferkörner

Sauce:
50 g Würfelzucker
1 Zwiebel
1 l Rotwein
schwarzer Pfefferkörner
grüner Pfefferkörner
1 Eßlöffel Maizena
Vogelknochen
1 Mohrrübe
2 Mandarinen
Salz
Lorbeerblätter
500 ml Wasser
2 Eßlöffel Rotwein

Die Vogelknochen und das Wurzelgemüse in einer Pfanne braten. Den Zucker in einem Stieltopf schmelzen lassen, geschälte Mandarinen, Pfefferkörner, Salz und Lorbeerblätter hinzufügen, zum Schluß noch Rotwein und Wasser dazugeben. Ca. 2 Stunden kochen.

Die Haselhuhnfilets kurz braten, salzen und pfeffern. Mandelkerne zerkleinern, geriebenen Parmesan, kleingeschnittenes Basilikum und Olivenöl hinzugeben.

Die Teigplatten (8 Stck.) auf dem Tisch auslegen und mit Butter bepinseln. Vier Teigplatten werden zunächst mit Parmaschinken und darauf mit dem Haselhuhnfilet belegt, als nächstes auch noch mit der Mischung von Mandeln, Parmesan, Basilikum und Olivenöl. Obenauf wird auf jede präparierte Teigplatte eine andere Platte gelegt. Drücken Sie die Kanten beider Platten zusammen, bepinseln Sie sie mit Butter und stellen Sie alles für ca. 20 Min. bei 175°C in den Ofen.

Die Sauce zubereiten, auch etwas Maizena und Rotwein dazugeben. Abschmecken.

BIRK- ODER AUERHUHN UND MOLTEBEERSUPPE

Feldvögel

Kurze Übersicht

Von allen Huhnarten sind es nur der Fasan und das Rebhuhn, die noch in unseren stark kultivierten landwirtschaftlichen Gebieten vorkommen. Beide gibt es so gut wie in ganz Europa mit Ausnahme vom äußersten Süden Europas, Nordskandinavien und Island.

Der **FASAN** ist ein prachtvoller Exote, der ursprünglich aus Ostasien stammt. Er bevorzugt Gegenden mit wechselhaftem Charakter und einer Mischung aus landwirtschaftlichen Flächen, Gebüsch, Gesträuch und hohes Gras, am liebsten in der Nähe von Gewässern. Wie die meisten Huhnarten ist der Fasan polygam, ein Hahn kann sich mit einer Mehrzahl Hühner paaren. Er nimmt an der Aufzucht seiner Nachkommen nicht teil, sondern lebt während des Sommers und Frühherbstes allein, wenn die Henne mit ihren Küken eine Familie bildet. Im Spätherbst und im Winter bleiben die Fasane in losen Familiengebilden zusammen.

Ein Fasanenhahn wiegt 1-1,5 kg, eine Henne um 0,8-1 kg.

Das **REBHUHN** lebt in den offenen, landwirtschaftlich bebauten Gebieten, wo sich Vögel von Pflanzen und Insekten ernähren. Im Gegensatz zu den meisten Huhnarten sind die Rebhühner monogam. Der Hahn und die Henne etablieren sich in einem Revier zu Beginn des Frühlings; wenn die Nachkommen da sind, bleibt die Familie bis zum nächsten Frühjahr zusammen. Eine Rebhenne ist ein kleiner Vogel, der nur ca. 400 g wiegt.

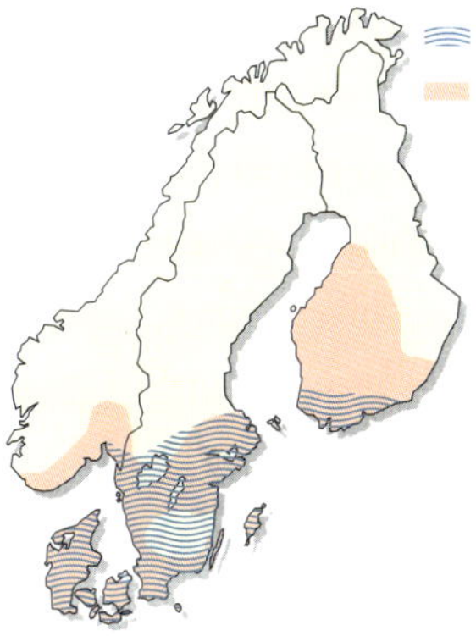

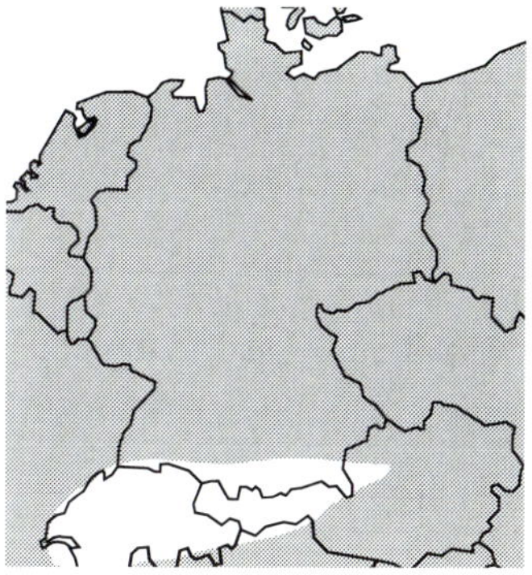

Die Jagd auf Feldvögel

Auf traditionelle Art geschieht die Jagd auf Feldvögel mit dem Vorstehjagdhund. Der Hund - ein Pointer, Setter oder ein kontinentaler Vorstehhund - untersucht die Gegend in breitangelegtem Zickzack. Sobald er die Witterung eines Vogels spürt, erstarrt er an der Stelle mit der Schnauze in die Richtung, wo sich der Vogel befindet. Wenn der Jäger am Vorstehplatz eintrifft, gibt er dem Hund den Befehl, vorwärts zu gehen und den Vogel aufzuscheuchen. Hebt dieser ab, muß der Hund sofort stehen bleiben, um nicht in die Schußlinie zu geraten. Nach dem Schuß wird dem Hund befohlen, zu apportieren und den Vogel dem Jäger zu bringen.

Insbesondere den Fasan jagt man auch mit einem Stöberhund, normalerweise einem Spaniel. In einem mit Gestrüpp dicht bewachsenen Terrain ist der Stöberhund dem Vorstehund überlegen. Der Spaniel durchsucht die Gegend zwanzig bis dreißig Meter vor dem Jäger, der behutsam fortschreitet. Beim Wahrnehmen der Witterung stöbert der Hund den Vogel ohne vorheriges Vorstehen auf und bleibt erst dann stehen. Nach abgegebenem Schuß apportiert er den Vogel.

Die Vogeljagd sowohl mit dem Vorsteh- als auch dem Stöberhund ist eine stilmäßig sehr hoch entwickelte Jagdform, die außerordentliche Anforderungen an die Veranlagung und die Dressur des Hundes stellt. Wer sich mit dieser Jagdart beschäftigt, ist oft mehr an der Leistung des Hundes interessiert als nur an der Beutemenge und gibt den Schuß nur dann ab, wenn der Hund eine Glanzleistung vollbracht hat.

Die Treibjagd auf Vögel, vor allem Fasane, entstand als Jagdform in Großbritannien während der Viktorianischen Epoche. Sie wurde erst möglich, nachdem die Waffenschmiede auf dem europäischen Kontinent Voraussetzungen zur Entwicklung des modernen Hagelgewehrs geschaffen hatte. Es wird mit Patronen geladen und macht die umständliche Ladeprozedur durch die Mündung entbehrlich. Die Vögel werden von einer Jägerkette getrieben, so daß sie gezwungen sind, über die im voraus postierten Schützen zu fliegen. Die Treibjagd auf Fasane veranstaltet man hauptsächlich in Geländen mit großen Gütern, wo jährlich beträchtliche Mengen Vögel ausgesetzt werden und die Tagesbeute häufig mehrere hundert Fasane beträgt. Diese Jagdart kann freilich nicht als Jagd im eigentlichen Sinne des Wortes betrachtet werden, da sie vom Jäger nichts anderes als gute Schützeneigenschaften verlangt.

FAKTEN ÜBER FELDVÖGEL: Der Fasan ist eines der besten Wildfleischangebote. Er hat den unverdienten Ruf bekommen, trocken und langweilig im Geschmack zu sein: Sollte dies der Fall sein, dann mit Sicherheit in den meisten Fällen aufgrund falscher Zubereitungsweise. Das Rebhuhn ist ebenfalls empfindlich beim Braten, hat aber einen milden, feinen Wildgeschmack, zu dem Beilagen mit ausgeprägtem Geschmack passen.

Fasan und Rebhuhn in der Küche

"Höher als alle genannten, ja gar höher als alle Vögel in der Welt, steht der Fasan. Doch nur wenige Sterbliche verstehen es, ihn auf die bestmögliche Art zu servieren", schrieb der Urvater der modernen Kochkunst, der Franzose Brillat-Savarin, bereits vor zweihundert Jahren. Und an diese Wahrheit halten wir uns noch heute. Obwohl ein gut abgehangener Fasan zu den vornehmsten Gaben der Natur zählt, lautet die verbreitete Auffassung, das Fasanenfleisch sei trocken, geschmacksarm und langweilig. Soll dies der Fall sein, dann liegt es sicherlich nicht am Vogel, sondern an der Art der Zubereitung. Ein Fasan darf niemals ganz durchgebraten sein, da er in diesem Fall sowohl an Geschmack verliert als auch hart wird. Man muß ihn entweder bei geringer Wärme - oder umgekehrt, bei hoher Wärme, aber sehr schnell - eine knappe halbe Stunde braten, wonach er mindestens genauso lange in einer Folie ruhen sollte. Die Haut soll beim Braten am besten am Fleisch bleiben. Ein abgehäuteter Fasan muß in sehr viel Fett gebraten (das nach dem Braten abgegossen wird) und öfter begossen werden als ein gerupfter. Zum gebratenen Fasan passen sehr gut grüne Weintrauben und Äpfel. Eine besonders günstige Art, einen gehäuteten Fasan zuzubereiten, ist es, die Brust herauszuschneiden und in kleine Stücke zu zerschneiden; die Keulen werden dabei von den Knochen befreit und zu Ragout verwendet.

Das Rebhuhn ist ebenfalls sehr empfindlich gegenüber zu starkem Braten. Die angebrachte Bratzeit beträgt für ein Rebhuhn ca. 15 Min., je nach der Ofentemperatur. Diese kleinen Vögel haben einen milden, feinen Wildgeschmack, und passen gut zu geschmacksreichen Beilagen, z.B. zu Fenchel, Endivie und Zwiebeln.

FASAN

LATEINISCH	Phasianus colchicus
ENGLISCH	Pheasant
FRANZÖSISCH	Faisan
SCHWEDISCH	Fasan
NORWEGISCH	Fasan
DÄNISCH	Fasan
FINNISCH	Fasaani

REBHUHN

LATEINISCH	Perdix perdix
ENGLISCH	Grey partridge
FRANZÖSISCH	Perdrix grise
SCHWEDISCH	Rapphöna
NORWEGISCH	Rapphøne
DÄNISCH	Agerhøne
FINNISCH	Peltopyy

Rezepte für Feldvögel

Fasan und Rebhuhn haben beide helles Fleisch und einen milden Wildgeschmack. Für diejenigen, die selbst nicht jagen, ist es in der Regel leicht, zur Jagdsaison einen Fasan in Markthallen zu kaufen; ansonsten gibt es tiefgefrorene Vögel in gutsortierten Lebensmittelgeschäften. Man kann daraus die feinsten Hühnerfleischgerichte zaubern, z.B. das klassische Coq au vin oder eine cremige Fasanensuppe mit einem Schuß Cognac oder Madeira. Würzige Weinsorten, wie z.B. Barbaresco aus der Region von Piemonte in Italien schmecken dazu; zur Suppe trinkt man trockenen Sherry.

Rebhuhn, eingewickelt in Schinkenspeck und Salbei, auf einem Bett aus Sahneweißkohl

4 Rebhühner
4-8 Scheiben Speck (je nach Größe und Länge)
8-12 Salbeiblätter (je nach Größe)
1 Zwiebel — *1 Mohrrübe*
1 Stangensellerie — *2 Knoblauchzehen*
100 ml Weißwein — *100 ml Bouillon*
Pfeilwurzmehl

Als Beilage: Sahneweißkohl (siehe Ende des Buches)

Das Rebhuhn zusammenbinden, 2-3 Salbeiblätter auf jeden Vogel legen und alles mit Speckscheiben umhüllen, mit Zahnstochern am Unterteil des Vogels zusammenstecken. Das Gemüse putzen, abspülen und in Scheiben schneiden. Gemüse und Fleisch in einer Bratpfanne anbraten.

Über das Fleisch etwas Weißwein gießen und bei 200°C ca. 15-20 Min. im Backofen braten; vor dem Servieren 3 Min. ruhen lassen.

Den Fond abgießen, mit etwas Pfeilwurz binden. Den Speck und den Salbei abnehmen, grob zerhacken und in einer Bratpfanne braten. Ein Kohlbett auf dem Teller ausbreiten, ein bißchen Bratensaft dazu gießen, den Vogel in die Mitte legen und mit etwas Speck und Salbei bestreuen.

In Honig und Knoblauch marinierte Fasanenbrust mit warmem Kartoffelsalat

4 Fasanenbrüste
9 milde Zwiebel
3 Eßlöffel geriebener Ingwer
5 gepreßte Knoblauchzehen
1 Teelöffel Chilipulver
100 ml Honig
50 ml Sojasauce
3 Eßlöffel Weinessig

Als Beilage: warmer Kartoffelsalat (siehe Ende des Buches)

Die geputzten Zwiebeln grob zerschneiden und zusammen mit Ingwer, Knoblauch und Chilipulver in einem Mixer vermischen, dann die restlichen Zutaten beimischen. Die Marinade über die Fasanenbrüste gießen und alles so über Nacht stehen lassen. Am darauffolgenden Tag in eine ofenfeste Form legen, 100 ml Wasser hinzugeben und bei Ofentemperatur von 150°C so lange durchbacken, bis die Innentemperatur des Fleisches ca. 65°C beträgt. Das Fleisch während des Backens mit Resten der Marinade bestreichen.

REBHUHN, EINGEWICKELT IN SCHINKENSPECK UND SALBEI AUF EINEM BETT AUS IN SAHNE GEKOCHTEM WEIßKOHL

Fasanenbrustrouladen auf Linsenbett

2 Fasane
2 Scheiben leicht gesalzenes Schweinefleisch

Bouillon:

Fasanenknochen	*1 Mohrrübe*
1 Zwiebel	*1 Porree*
1 Selleriestange	*1 Lorbeerblatt*

ca. 1,5 l Wasser zum Kochen

Sauce:
50 g feingewürfelte Mohrrüben
75-100 g grüne Linsen
1/4 feingewürfelte Selleriewurzel
1/4 feingewürfelte Porreestange
1 feingehackte rote Zwiebel
Öl zum Anbraten
200 ml Schlagsahne
200 ml Geflügelbouillon (oder Knochenbrühe)

Als Beilage: Kartoffeln, in feine Streifen geschnittene Blattpetersilie

Keulen abtrennen. (Sie können zu einem anderen Gericht verwendet werden.) Fasanenbrüste von den Knochen lösen und übereinander legen, wobei der dünnere Teil über den dickeren der anderen Brust gelegt wird. Jedes Brustpacket in leicht gesalzene Schweinefleischscheiben einwickeln, in Folie einpacken, beide Seiten fest verschließen.

Die Bouillon kann am Tage zuvor zubereitet werden.

Fasanenknochen zerhacken. Gemüse putzen, abspülen, in Scheiben schneiden. Knochenstücke und Gemüse in Speiseöl anbraten, ohne daß sie ihre Farbe verändern. Wasser hinzugeben und aufkochen, würzen und den Fond weiter kochen lassen, bis davon ca. 1 Liter übrig bleibt, zum Schluß durchseihen.

Die Bouillon zum Sieden bringen, Fasanenbrüste einlegen. Nachdem die Fleischtemperatur ca. 65°C erreicht hat, den Topf von der Wärme wegnehmen und die Fasanenbrüste in der Bouillon abkühlen lassen.

Linsen im Wasser zuvor über Nacht liegen lassen. Das Wasser abgießen, Linsen in der Fasanenbouillon ca. 25 Min. kochen. Gemüse mit ein wenig Butter in einem anderen Topf kurz anbraten. Sahne hinzugeben, zusammen weiter kochen lassen. Die warmen Linsen dazulegen. Mit Salz und Pfeffer abschmecken.

Von den Fasanenrollen runde, ca. 2 cm dicke Scheiben schneiden. Falls das Fleisch bereits kalt ist, in der Bouillon aufwärmen. Serviert wird mit Linsen und in Scheiben geschnittenen, in Öl knusprig gebratenen Kartoffeln und mit Petersilie bestreut.

Ringeltaube

Kurze Übersicht

Die Ringeltaube ist die größte und gewöhnlichste Taubenart. Sie brütet in ganz Europa mit Ausnahme von Island und Nordskandinavien.

Im Gegensatz zu früher, als die Taube ein scheuer Waldvogel war, hat sie in der letzten Zeit die Feldgehölze landwirtschaftlicher Gebiete erobert sowie städtische Park- und Gartengebiete. Zugleich nahm ihre Population stark zu.

Die Ringeltaube kann man kaum mit anderen Vogelarten verwechseln. Sie ist die größte und schwerste Taube. Erwachsene Exemplare wiegen knapp über ein halbes Kilo und haben einen weißen Ring um den Hals. Die Jungvögel sind leichter und noch ohne weiße Ringe, jedoch mit einem weißen Flügelstreifen wie bei erwachsenen Ringeltauben, der im Flug deutlich sichtbar ist.

Ringeltauben sind Vegetarier und ernähren sich sowohl von grünen Zweigen und Blättern als auch von Samen, Beeren und vom Saatgut. Ihre Nahrung suchen sie hauptsächlich auf dem Boden; während der Eichelsaison nisten sie gern in den Kronen von Eichen und Buchen. Nach der Paarungszeit sammeln sich die Ringeltauben in große Scharen, um sich in die Eichenwälder und in die erntereifen bzw. gerade geernteten Erbsen-, Raps- und Kornfelder zu begeben.

Die Ringeltaube baut sich ein sehr flüchtig gestaltetes Nest in niedriger Höhe auf Bäumen oder im Gehölz. Sie legt lediglich zwei Eier, dafür sorgt ein Taubenpaar für seinen Nachwuchs zwei - dreimal im Jahr.

FAKTEN ÜBER DIE TAUBE: Früher war die Ringeltaube ein scheuer Vogel, der nur im Wald lebte; in jüngster Zeit tritt sie jedoch immer häufiger in städtischer Landschaft auf. Neben ihr gibt es noch die Hohltaube, die Türkentaube und die verwilderte Zahmtaube, die oft Stadttaube genannt wird. Vereinzelt sind auch Turteltauben in Parks und in Gehölzen anzutreffen.

Taubenjagd

Ein vornehmeres Wildgeflügel als die Ringeltaube kann man sich kaum vorstellen, abgesehen davon, daß sie sehr verbreitet und somit häufig vorkommt. Die Jagd auf die Ringeltaube ist spannend und stellt große Anforderungen an die Schützeneigenschaften der Jäger. Nur wenige andere Vögel können mit so hoher Geschwindigkeit Ausweichmanöver ausführen, wenn sie eine verdächtige Bewegung wahrnehmen. Daher gilt es, sich stets sorgfältig zu verstecken und flink mit der Flinte zu sein.

Die Ringeltauben kann man in den Morgenstunden jagen, wenn sie zum Futterplatz ziehen, oder am Nachmittag, wo sie sich eine Wasserstelle suchen oder zum Ausruhen in die Bäume setzen. Im übrigen ziehen diese Vögel von Jahr zu Jahr in dieselben Landschaften, und wenn der Jäger sein Jagdrevier gut kennt, kann er sich die beste Stelle zum Jagen merken. Die effektivste Jagdform ist zweifelsohne die Jagd mit dem Lockvogel an den Futterplätzen der Ringeltauben. Man nimmt seine Position in einem geeigneten Versteck in der ausgemachten Anflugslinie der Tauben zu einer gutbesuchten Futterstelle ein und legt einen Plastiklockvogel bzw. bereits abgeschossene Tauben aus, damit es wie eine Taubenschar beim Füttern aussieht. Die Vögel werden dadurch angelockt und bieten dem Jäger eine gute Chance. An einem gutem Tag können tüchtige Schützen eine reichliche Beute machen.

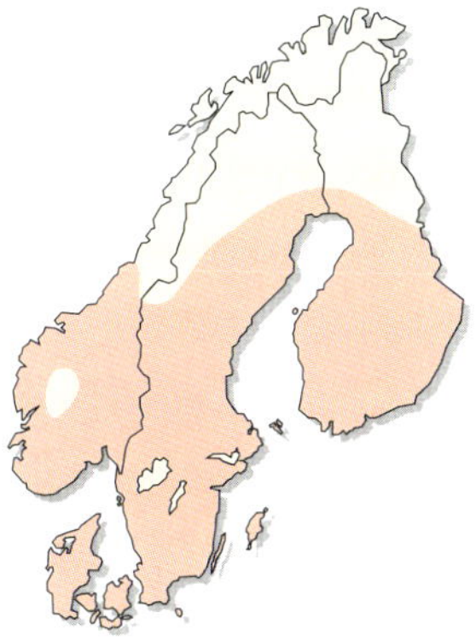

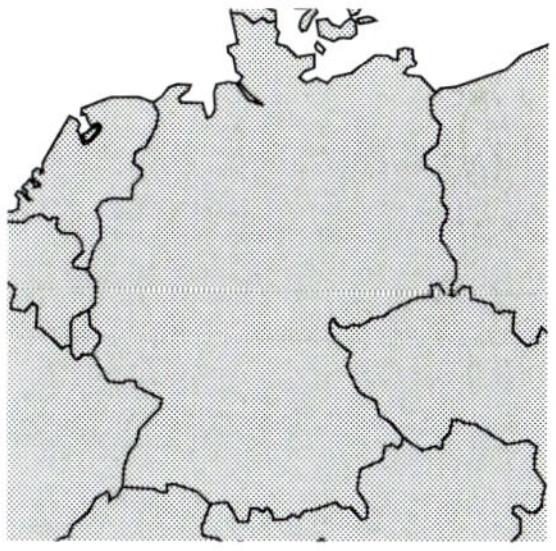

Die Taube in der Küche

Das Rupfen der Ringeltaube ist von allen Wildgeflügelsorten am leichtesten, und hat man nur ein paar abgeschossene Exemplare, sollte man das auf jeden Fall tun. Nach einer besonders ergiebigen Jagd mit dutzenden Tauben in der Tasche, ist es vielleicht leichter, nur die Brustteile zu nehmen, die sich leicht mit Messer bzw. Schere abtrennen lassen. Auf eine richtige Art zubereitet, gehört die Ringeltaube zu unserem leckersten Wildgeflügel, besonders wenn es mit einer Sauce aus feiner Kraftbrühe serviert wird, die durch Crème fraîche und ein wenig Tomatenpüree etwas säuerlich wirkt, - dazu noch mit kleinen neuen Kartoffeln, die in Butter goldbraun und erst kurz vor dem Servieren auf heißem Blech gebraten werden. Rosafarben gebraten, hat das Fleisch ein leicht würziges Aroma, das alles andere Wildfleischarten deutlich übertrifft. Junge Tauben sind besonders empfindlich gegen zu langes Braten, bei älteren Exemplaren sollte man aber nicht weniger sorgfältig vorgehen. Eine Viertelstunde im Backofen ist bereits die obere Grenze für eine gerupfte Taube. Danach muß der Vogel natürlich noch eine halbe Stunde in der Backfolie ruhen, am besten bei Zimmertemperatur.

Die von den Knochen gelöste Taubenbrust kann z.B. aufgeschlitzt und mit einem leicht cremigen Käse bzw. mit Butter und Kräutergewürzen gefüllt und dann doppelt paniert werden, ehe sie auf einem warmen Blech fertig gebraten wird. Eine andere Variante wäre, die Brüste zuerst in Butter zu braten und anschließend im Backofen 3-4 Min. von jeder Seite zu grillen. Währenddessen kann eine reichliche Menge schwarzes Johannisbeerengelee in der Bratpfanne zusammen mit Butter und Soja-sauce schmelzen. Wenn diese Mischung anfängt, karamellartig zu werden, wird reichlich Schlagsahne zugegeben, und die Sauce soll so lange köcheln, bis sie dick wird.

RINGELTAUBE

LATEINISCH	Columbe palumbus
ENGLISCH	Wood pigeon
FRANZÖSISCH	Pigeon ramier
SCHWEDISCH	Ringduva
NORWEGISCH	Ringdue
DÄNISCH	Ringdue
FINNISCH	Sepelkyyhky

Taubenrezepte

Tauben sind sehr wohlschmeckende Vögel, vorausgesetzt, daß sie nicht zu lange gebraten werden. Sorgfältig zubereitet, nur rosafarben gebraten, haben sie ein leckeres, würziges Aroma, das ausgezeichnet zu cremigen Käsesorten bzw. Sahnesaucen paßt. Dazu trinkt man leichte Rotweine wie z.B. den elegant schmeckenden Pinot Noir aus Kalifornien, noch besser aus Oregon.

Taubenbrust mit Wurzelgemüse-Kartoffel-Auflauf

1 Taubenbrust pro Person, d.h. 2 Tauben
3 Kartoffeln
1 Selleriewurzel
2 Mohrrüben
2 Pastinaken
1 Zwiebel
1 Eigelb pro Person
Butter zum Braten
(bei Bedarf: geriebener Ingwer)
Joghurt
Kümmel, Salz, Pfeffer

Wurzelgemüse und Zwiebel reiben, mit Salz und Pfeffer sowie mit einem Eigelb pro Person vermischen. Eventuell etwas geriebenen Ingwer hinzugeben. Joghurt mit ein wenig gemahlenem Kümmel mischen.

Auflaufmischung in einer Bratpfanne mit etwas Butter braten. Danach die Taubenbrüste zügig braten (ca. 10 Min.). Eine Taubenbrust pro Portion, in Scheiben geschnitten, neben dem Wurzelgemüseauflauf mit Joghurt servieren.

Erics Taubenbrust

2 Tauben (Brust und Keulen)
1 rote Zwiebel
2 Eßlöffel gehackte Sellerieblätter
1 große Mohrrübe
500 ml Rotwein
100 ml Sahne
Butter, Salz und Pfeffer
Als Beilage: Backkartoffeln, Crème fraîche, Küchenkräuter bzw. italienische Salatkräuter

Taube ausnehmen und rupfen. Brust und Keulen lösen und in einer Bratpfanne mit Butter, Salz und Pfeffer braten, bis das Fleisch eine gute Farbe bekommt. Das Fleisch aus der Pfanne herausnehmen und eine Weile in der Folie eingewickelt ruhen lassen.

Die rote Zwiebel, den Sellerie und die Mohrrübe feingehackt in Butter andünsten, 500 ml Rotwein und 100 ml Sahne dazugeben, 5 Min. kochen lassen. Die Taubenstücke einlegen und 10 Min. sieden lassen, bis die Taube fertig ist.

Als Beilage nimmt man Backkartoffeln, die aus der Schale entfernt, mit Crème fraîche sowie Küchenkräutern bzw. italienischen Salatkräutern vermischt und dann wieder zurück in die Schale gesetzt werden.

ERICS TAUBENBRUST

Gefüllte Taube mit Morcheln und Kartoffeln

(für 2 Personen)

2 Tauben
Speck
15 g Butter

Füllung:
ca. 30 g Gehacktes, am besten Rind oder Taubenkeule
1-2 Eßlöffel Sahne
1/2 Schalotte
Morcheln
100 ml Rotwein
100 ml Kalbs- bzw. Hühnerbrühe
15 g Butter
Salz, Pfeffer

Als Beilage: Kartoffeln und Morcheln

Bruststücke von der Taube lösen, die Haut entfernen. Den Speck in zwei Rechtecke auf der Fläche von mindestens 15 mal 20 cm auslegen.

Eine dicke Füllung aus Fleisch, Sahne und Schalotten, mit Pilzen vermengt, anrühren.

Eine Taubenbrust auf den Speck legen, 1-2 Eßlöffel Füllung auflegen. Die andere Brust darüber legen und das ganze in Speck einwickeln. Dasselbe mit den restlichen zwei Taubenbrüsten wiederholen. Das Paket zusammenbinden.

Zur Sauce: Aus Taubenknochen, Rotwein und Schalottenzwiebeln einen Fond kochen; verwendet werden davon 200 ml.

Garnierung: Pilze putzen, zweimal abbrühen, wenn es sich um Steinmorcheln handelt. Kartoffeln in 0,5 cm dicke Scheiben schneiden.

Die eingewickelten Taubenbrüste in etwas Butter bei mittlerer Wärme anbraten, dann ca. 12 Min. bei 200°C im Backofen braten. Sie bekommen eine rosarote Farbe. Fünf Minuten ruhen lassen. Soll das Fleisch stärker durchgebraten sein, ein paar Minuten länger im Backofen behalten. Kartoffelscheiben und Morcheln in einer Kasserolle verteilen, Wasser oder Brühe hinzugießen, so daß der Boden bedeckt ist. Kartoffeln kochen, bis sie weich werden und die Flüssigkeit eingezogen ist. Bei Bedarf Salz und Pfeffer hinzugeben. Butter schmelzen lassen und in die Sauce einschlagen. Kartoffelscheiben und Pilze in eine vorgewärmte Schale legen. Das Taubenpaket eventuell in zwei Teile zerlegen, auf Kartoffeln und Pilze legen. Sauce darüber gießen.

Das Schneehuhn

Kurze Übersicht

Die beiden Schneehuhnarten, das Moorschneehuhn und das etwas kleinere Alpenschneehuhn, unterscheiden sich voneinander nicht nur in der Größe und im Aussehen. Sie sind auch in ihren Gewohnheiten unterschiedlich und bevorzugen verschiedene Milieus. Die Siedlungsgebiete des Moorschneehuhns erstrecken sich von den Waldgebieten bis zu den waldlosen Gebirgswiesen, während das Alpenschneehuhn ein ausgeprägter Bewohner von so gut wie vegetationlosen Hochgebirgsregionen ist. Sie halten sich am liebsten in beträchtlichen Höhen und in felsigen und unzugänglichen Gebieten auf. Während der Sommerperiode ernähren sie sich von Kräutern, Beerenrisig und Beeren, im Winter von Knospen und Birken- und Weidenzweigen. Im Sommer leben die Schneehühner isoliert, sammeln sich jedoch im Herbst zu großen Scharen.

Im Gegensatz zu anderen Huhnarten wechseln die Schneehühner zur Wintersaison die Farbe. Das zur Sommerzeit mit seinen weißen Flügeln und kupferfarben glänzende Moorschneehuhn wird im Winter ganz weiß mit schwarzem Schwanz, und das ansonsten granitgraue Alpenschneehuhn wechselt die Farbe ins Kreideweiße mit schwarzem Zaumstrich und einem Schwanz mit schwarzen Außenkanten.

Die Moorschneehühner brüten in ganz Skandinavien außer der südlichen Hälfte von Schweden, auch in Rußland und in den baltischen Ländern. In Schottland, im Norden Englands und auf Irland kommt stattdessen eine lokale Art der Moorschneehühner vor, die im Winter nicht weiß werden und sich ausschließlich von Heidekraut ernähren Das Alpenschneehuhn lebt in den höheren Regionen der schwedischen Gebirge, auf Island, im schottischen Hochland, in den Alpen und Pyrenäen.

Ein erwachsenes Exemplar des Moorschneehuhns wiegt etwas über ein halbes Kilo, das Alpenschneehuhn etwas weniger.

FAKTEN ÜBER SCHNEEHÜHNER: Das dunkle Fleisch von Schneehühnern besitzt einen recht starken Wildgeschmack und kann durchaus mit ebenfalls ausgeprägt schmeckenden Beilagen serviert werden. Wichtig ist dabei auch hier, das Fleisch nicht allzu lange zu braten, höchstens eine Viertelstunde; danach folgt das Ruhen in der Backfolie außerhalb des Ofens. Zum Schneehuhn passen gut die Weinsorten Burgunder oder z.B. California Pinot Noir.

Die Jagd auf Schneehühner

Für viele Jäger bedeutet die Jagd auf Schneehühner den Höhepunkt des Jahres. Eine Woche im Gebirge - wenn der Herbst da ist und die Jagdreviere mit wechselnden Farben in Rot und Gelb schimmern - und in kürzester Zeit wird jede Großstadtseele geheilt.

Die Moorschneehühner sind beim Brüten, wenn die Jagdsaison beginnt. Es ist daher sehr günstig, mit Vorstehhunden wie Setter, Pointer, Breton oder anderen Vorstehhunden auf die Jagd zu gehen. Man benutzt hier ein Hagelgewehr, und der Jäger begibt sich in die mit Beerensträuchern bewachsenen Regionen oder in andere von den Schneehühnern bevorzugte Aufenthaltsorte. Die Aufgabe des Hundes besteht in weit ausgestreckten Suchaktionen und im Signalisieren eines wahrgenommenen Schneehuhns. Hat er ein Nest gefunden, nähert sich der Jäger dem angezeigten Platz und gibt dem Hund den Befehl, die Vögel aufzuscheuchen. Dieser muß sich beim Hochfliegen des Vogels ruhig verhalten und nach dem Schuß apportieren. Die Jagd mit einem stöbernden Spaniel, der also nicht vorsteht, sondern in der Nähe des Jägers die Vögel sucht und anschließend die Vögel zum Schuß aufscheucht, ist ebenfalls möglich. Das läßt sich jedoch effektiver in den Gegenden mit dichtem Weiden- und Birkengebüsch machen, wo Vorstehhunde leicht außer Sicht geraten können. Im Winter werden sowohl die Moor- als auch die Alpenschneehühner mit leichten Büchsen gejagt. Um nicht entdeckt zu werden, kleidet sich der Jäger ganz in Weiß und bewegt sich auf Skiern durch die arktischen Birkenwälder, wo die Schneehühner Birkenknospen fressen.

Manche Gebirgsjäger betreiben außerdem die uralte Fangjagd auf Schneehühner mit der Schlinge. In Großbritannien geht man hauptsächlich auf die Treibjagd, wobei die Vögel von der Treiberkette auf die Schützen zugetrieben werden, die in Verstecken aus Stein bzw. Torf sitzen.

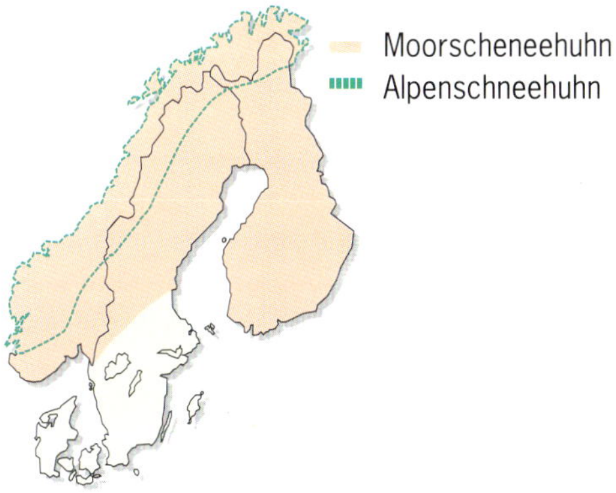

MOORSCHNEEHUHN

LATEINISCH	Lagopus lagopus
ENGLISCH	Willow grouse
FRANZÖSISCH	Lagopède de saules
SCHWEDISCH	Dalripa
NORWEGISCH	Lirype
DÄNISCH	Dalrype
FINNISCH	Riekko, metsäkana

ALPENSCHNEEHUHN

LATEINISCH	Lagopus mutus
ENGLISCH	Ptarmigan
FRANZÖSISCH	Lagopède des Alpes
SCHWEDISCH	Fjällripa
NORWEGISCH	Fjellrype
DÄNISCH	Fjeldrype
FINNISCH	Kiiruna

Das Schneehuhn in der Küche

Das Fleisch von Moor- und Alpenschneehühnern ist dunkel und hat einen ausgeprägten Wildgeschmack, bei dem man an Berge und Wildnis denken muß. Das starke, jedoch feine Aroma kommt am besten zur Geltung, wenn das Fleisch nicht völlig durchgebraten ist. Ein mittelgroßes Schneehuhn braucht ca. 15 Min. im Backofen, vorausgesetzt, daß der Vogel danach noch mindestens genauso lange in Backfolie eingewickelt ruht. Aufgrund seines starken Geschmacks ist es möglich, das Schneehuhn mit ebenfalls geschmacksmäßig markanten Beilagen zu servieren, dazu gehören z.B. Selleriepüree, angedünstete Pfifferlinge oder Moosbeermarmelade. Die Geschmacksintensität des Schneehuhns verleiht verschiedenen Soufflés und Pasteten ein liebliches Aroma. Ein Soufflé aus feingehackten bzw. gemahlenen Brustpartien ist eine himmlisch schmeckende Delikatesse, und wer den Geschmack der herben Schönheit der Bergwelt voll zum Ausdruck bringen will, der macht sich ein Tatarbeefsteak aus Schneehuhnbrust und serviert es mit traditionellen Beilagen wie Eigelb, gewürfelten roten Beten, Salzgurke und Kapern.

Rezepte für Schneehuhn

Die Winterjagd auf Schneehühner mit einer kleinkalibrigen Büchse gehört in Skandinavien zu einer der anstrengendsten Jagdarten. Der einsame Jäger auf Skiern oder Schneeschuhen ist den harten Klimabedingungen der subarktischen Bergwelt völlig ausgeliefert. Das dunkle Fleisch des Schneehuhns mit seinem starken Wildgeschmack assoziiert man dann mit weitläufigen Landschaften und freier Wildbahn. Das Schneehuhn kann mit geschmacksstarken Beilagen serviert werden, z.B. mit Pfifferlingen oder mit Vogelbeeren; der Wein dazu sollte am besten rot sein und einen ausgeprägten Geschmack haben, um sich behaupten zu können.

Rosagebratene Schneehuhnbrust mit Portweinsauce

4 Schneehühner
Salz, Pfeffer
Butter zum Braten

Bouillon:
Knochen vom Schneehuhn
Butter zum Braten
Wasser
4 grob zerstoßene Wacholderbeeren
4 ganze Pfefferkörner
1 Zweig Thymian
Salz

Portweinsauce:
1 feingehackte Schalotte
100 ml Portwein
300 ml Schneehuhnbrühe
Salz, Pfeffer
1 Eßlöffel Butter
1 Teelöffel Maizena
100 ml Schlagsahne

Als Beilage: Kartoffel- und Eßkastanienpüree, Rosenkohl

Brustpartie vom Skelett lösen, Flügelknochen sollten zunächst an der Brust bleiben.

Bouillon: Die Schneehuhnknochen und das Skelett in kleinere Stücke zerteilen, in Butter anbraten und soviel Wasser hinzugeben, daß die Knochen bedeckt sind. Aufkochen, den Schaum abschöpfen. Würzen, salzen und die Bouillon unter dem Deckel 50-60 Min. kochen lassen. Durchseihen und weiter kochen, bis 300 ml übrig bleiben.

Die Zwiebel für die Sauce fein hacken und in Butter andünsten. Portwein, Maizena und Schneehuhnbouillon hinzugeben, zusammen kochen, bis daraus ca. 200 ml werden. Sahne hinzugeben und die Sauce auf geringer Wärme kochen lassen, bis alles die gewünschte Konsistenz erreicht hat. Mit Salz und Pfeffer abschmecken und warm halten.

Schneehuhnbrust salzen und pfeffern, bei mittlerer Wärme in Butter kurz braten, herausnehmen, ein paar Minuten ruhen lassen. Im Backofen bei 225°C ca. 10 Min. nachbacken.

In der Mitte der Brust einen Schnitt machen und die Brustfilets abtrennen. Das Fleisch in dünne Scheiben schneiden, die dann wieder zurückgelegt werden.

Als Beilage: die Sauce, Rosenkohl und Kartoffel- bzw. Eßkastanienpüree.

SALAT MIT SCHNEEHUHNBRUST

Salat mit Schneehuhnbrust

2 Schneehühner
Butter zum Braten
Salz, Pfeffer
Mischsalat (z.B. verschiedene Blattsalate)
grobgehackte Haselnußkerne

Salatdressing:
3 Eßlöffel Olivenöl
1 Eßlöffel Himbeeressig
Salz, Pfeffer

Als Beilage: Brot

Das Brustfleisch von den Knochen lösen. Knochen und Skelett können für eine Bouillon benutzt werden; diese kann man für spätere Zwecke einfrieren.

Das Brustfleisch in Butter bei mittlerer Wärme 10 Min. anbraten. Ca. 10 Min. ruhen lassen, salzen und pfeffern, dann in dünne Scheiben schneiden.

Das Dressing während dieser 10 Min. zubereiten. Salat direkt auf den Tellern zubereiten, mit dem Fleisch zuoberst. Das Dressing hinzugeben und mit den feingehackten Nüssen überstreuen. Als Vorspeise servieren.

Schneehuhn in Sahnesauce auf traditionelle Art

2 Schneehühner
Butter zum Braten
300 ml Wasser
200 ml Milch
1 1/2 Eßlöffel Salz
4-6 grob zerstoßene Wacholderbeeren
1 Eßlöffel Maizena
1 Eßlöffel Wasser
100-200 ml Crème fraîche
1-2 Scheiben Butterkäse
1-2 Eßlöffel Johannisbeeren- bzw. Vogelbeerengelee
Salz, Pfeffer

Als Beilage: gekochte Kartoffeln, Gemüse, roh geriebene Preiselbeeren bzw. Gelee.

Die Schneeehühner säubern, Leber, Herz und Eingeweide entfernen.

Die Schneehühner in Butter leicht anbraten, mit Wasser und Milch übergießen, Salz und Wacholder zugeben und mit Deckel 30 bis 40 Min. brutzeln lassen. Danach herausnehmen und warmhalten.

Die Bouillon durchseihen und einkochen, dann mit Maizena andicken, das mit wenig Wasser verrührt wird.

Crème fraîche, Käse und Gelee hinzugeben und die Sauce 4-5 Min. bei schwacher Wärme kochen lassen. Mit Salz und Pfeffer abschmecken.

Die Schneehühner in zwei Teile zerschneiden und mit Sauce, Gemüse, Kartoffeln und roh gerührten Preiselbeeren bzw. Gelee servieren.

Die Wildgans

Kurze Übersicht

Die Wildgans gehört zu den Wildarten, deren Bestand während der letzten Jahrzehnte markant mit Ausnahme der Berggans zugenommen hat. Die Wildgans ist somit eine weit verbreitete und angenehme Erscheinung in der europäischen Fauna geworden, mancherorts ist ihr Bestand allerdings so stark gewachsen, daß Wildgänse an einigen Badeplätzen bereits sanitäre Probleme mit sich bringen.

Die **GRAUGANS** stammt ursprünglich von der Hausgans ab und gehört zusammen mit Saatgans und Bläßgans zu den sogenannten grauen Gänsen. Das Gefieder ist bei allen Arten in schönen Grautönen gehalten. Die Graugans erkennt man an ihren rosafarbenen Beinen und im Fliegen an den leuchtenden silbergrauen Steuerfedern. Die meisten Graugänse überwintern in Südeuropa.

Die etwas kleinere **SAATGANS** brütet im Norden von Schweden, Finnland und Rußland und fällt auf durch die dunkelfarbenen Unterseiten der Flügel und durch ihre orangefarbenen Beine und Schnabel.

Die **BLÄSSGANS** ist bedeutend kleiner als die obengenannten Gänse. Erwachsene Exemplare erkennt man an ihrer weißen Stirnzeichnung. Die jüngeren Vögel haben diese noch nicht, jedoch rosaorange Beine und Schnäbel wie die erwachsenen Bläßgänse. Die Bläßgans brütet im äußersten Norden Rußlands, in der Tundra, und macht auf dem Weg nach Südeuropa in Schweden und Dänemark lediglich einen Aufenthalt.

Die **KANADAGANS** hat sich noch stärker vermehrt als die anderen Gänsearten, und ihre Ansiedlungsgebiete stimmen heute mit denen von Graugänsen überein. Die Kanadagans, die Weißwangengans und die Ringelgans gehören zur selben Familie, deren Gefieder hauptsächlich durch die Farben schwarz, braun und weiß gekennzeichnet sind. Die Kanadagans ist die größte vorkommende Gänseart: Ein erwachsener Ganter kann bis zu 4,5 kg wiegen und eine Flügelspannweite von 180 cm erreichen.

FAKTEN ÜBER WILDGÄNSE: Die Anzahl der Wildgänse hat während der letzten Jahrzehnte deutlich zugenommen; die einzige Ausnahme ist hier die Berggans. Immer öfter sieht man ihre charakteristischen Dreieck- oder Strichformationen am Himmel fliegen. An manchen Stellen bereiten die Wildgänse schon sanitäre Probleme.

Die Jagd auf Wildgänse

Die meisten Wildgänse werden in den landwirtschaftlichen Regionen abgeschossen, sie werden jedoch auch an ihren Brutstätten gejagt. Einzelne Gänse werden bei der Suchjagd mit Kugelgewehr erlegt, wobei sich der Jäger, von der Vegetation geschützt, vorsichtig ihren Weideplätzen nähert. Überwiegend werden sie jedoch mit Hagelgewehren erlegt, wenn sie zwischen ihren Übernachtungsplätzen auf Binnenseen bzw. an den Küsten und den Weideplätzen an Land fliegen. Bei schlechtem Wetter, wenn es windig und die Sicht erschwert ist, fliegen sie normalerweise tief genug, um dem Jäger ein gutes Ziel zu bieten, besonders beim Verlassen von Übernachtungsplätzen bzw. beim Landen. Wildgänse halten sich gern auf frisch gedroschenen Äckern, ungepflügten Zuckerrüben- und Kartoffelfeldern oder auf Äckern mit Herbstsaat auf, z.B. mit Weizen und Raps. Durch das Aufstellen von Lockvögeln – Plastikattrappen bzw. bereits erlegten Gänsen – erhöht der Jäger seine Chance, die Wildgänse in Schußweite zu bringen.

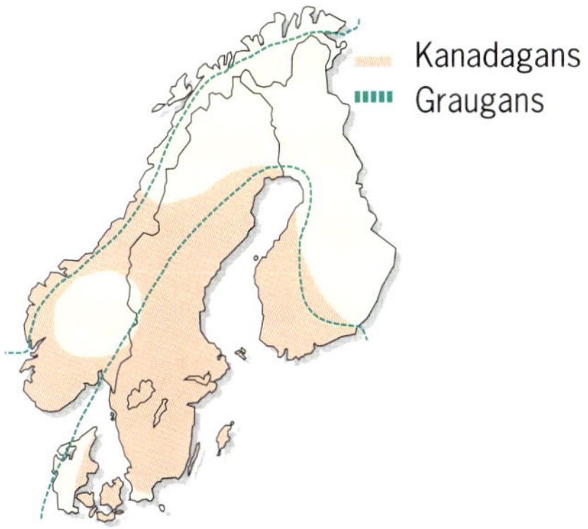

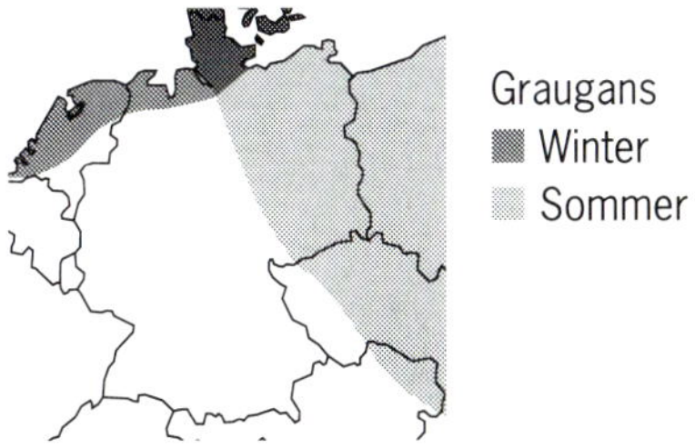

Die Wildgans in der Küche

Die Wildgans ist im Geschmack der Hausgans etwas ähnlich, schmeckt aber ausgeprägt nach Wild, und das Fleisch ist deutlich trockener. Man rupft sie und kann sie dann ohne Zerlegen ganz im Backofen braten. Als Beilage nimmt man Rotkohl und Äpfel wie bei der Hausgans. Eine Wildgans zu rupfen, bedeutet einen großen Zeit- und Arbeitsaufwand. Will man mehrere Gänse zubereiten, ist es daher einfacher, sie abzuhäuten. In solchen Fällen ist es auch angebracht, die Brustpartien oder die ganzen Gänse zum Räuchern abzugeben. Dünne Scheiben kaltgeräucherter Wildgans eignen sich perfekt für belegte Brötchen oder als Bestandteile von Vorspeisen. Gepökelte Gans stellt eine gute Alternative für diejenigen dar, die eine Gans auf eine etwas originellere Weise zubereiten wollen. Wildgansfleisch kann ebenfalls zum Zubereiten von Pasteten und geräucherten Würsten als Brotbelag benutzt werden.

KANADAGANS

LATEINISCH	Branta canadensis
ENGLISCH	Canada goose
FRANZÖSISCH	Bernache du Canada
SCHWEDISCH	Kanadagås
NORWEGISCH	Kanadagås
DÄNISCH	Kanadagås
FINNISCH	Kanadanhanhi

GRAUGANS

LATEINISCH	Anser anser
ENGLISCH	Greylag goose
FRANZÖSISCH	Oie cendrée
SCHWEDISCH	Grågås
NORWEGISCH	Grågås
DÄNISCH	Grågås
FINNISCH	Merihanhi

IN SOJA GEKOCHTE KANADAGANS AUF SALAT (REZEPT SEITE 90)

Rezepte für Wildgänse

Das Gänsefleisch eignet sich besonders gut zum Räuchern. Dünne Scheiben kaltgeräucherte Gänsebrust sind sehr gut für belegte Brote. Eine andere leckere Variante ist die gepökelte Gans. Normalerweise wird die Gans in einem Stück gebraten und mit weichgekochten Äpfeln, Backpflaumen und einer guten Sauce serviert. Zum Gänsebraten paßt ein kräftiger Rotwein, vielleicht aus Bulgarien oder Ungarn.

In Soja gekochte Kanadagans auf Salat

1 Kanadagans
5 Eßlöffel süße indonesische Sojasauce
1 Eßlöffel herbe Sojasauce
500 ml Bouillon (eventuell etwas extra Hühnerbrühe, falls es zu trocken ist)
4 Knoblauchzehen
1 kleine Zwiebel

Salat:
4 Frühlingszwiebeln
3 Avocados
12 Cocktailtomaten
1/2 Gurke

Salatsauce:
100 ml von der Bouillon
1/2 Eßlöffel frisch gehackter Chili
1/2 Eßlöffel gehackter Koriander
1 1/2 Eßlöffel Limonensaft
eventuell ein paar Eßlöffel Crème fraîche und geraspelter Meerrettich

Keulen lösen und für spätere Zwecke einfrieren. Die Zwiebel und Knoblauchzehe abziehen, in ein wenig Butter andünsten. Das Bruststück abtrennen, schnell in einer Teflonpfanne anbraten. Alles in eine Kasserolle legen und mit den beiden Sojasorten übergießen, aufkochen lassen. Die Bouillon hinzugeben und eine Stunde oder länger sieden lassen, je nach dem Alter der Gans. Mit Hühnerbrühe nachfüllen, falls es anfängt auszutrocknen. Das Fleisch im eigenen Saft über Nacht ruhen und abkühlen lassen, ausspülen und in dünne Scheiben schneiden. Die Kraftbrühe aufwärmen und durchseihen; ein Teil davon kann zum Zubereiten von Salatsauce benutzt werden.

Die Zutaten für die Salatsauce mischen. Den Salat abspülen. Die Gurke schälen, die Kerne entfernen, in Scheiben schneiden. Die Tomaten aufschneiden, die Avocadofrüchte von der Schale befreien und ebenfalls in Scheiben schneiden. Frühlingszwiebel in Ringe schneiden, alles auf einen Teller legen. Das Fleisch und die Zwiebelringe werden vor dem Servieren für 10 Min. in die Marinade gelegt. Man kann auch etwas Marinade über den Salat gießen.

Abgeschlossen wird das Gericht mit einem halben Eßlöffel Crème fraîche und geraspeltem Meerrettich.

Leicht gepökelte Kanadagansbrust mit Sauce aus grünen Erbsen und Meerrettich

2 Gänsebrüste

Salzlösung:
2 Eßlöffel Zucker
4 Eßlöffel Salz
1 knapper Teelöffel Salpetersalz
1 Lorbeerblatt
6 zermahlene Körner von weißem Pfeffer

Zubereitung:
Salzlösung gut mischen und die Gänsebrüste in der Marinade 24 Stunden liegen lassen.

Bouillon:
Gänseknochen, in kleine Stücke zerteilt
2 Stangen Sellerie
1 Zwiebel
1/2 Porreestange
1 Lorbeerblatt
10 Wacholderbeeren
2 Teelöffel Weißweinessig

Sauce:
500-600 ml Bouillon
300 tiefgefrorene grüne Erbsen
100 g Butter

Knochenstücke in eine große Kasserolle legen; kaltes Wasser hinzugeben, bis die Knochen damit bedeckt sind. Aufkochen, den Schaum gut abschöpfen, Gemüse und Gewürze einlegen und alles zusammen ca. eine Stunde lang kochen. Die Bouillon bei 80°C sieden lassen. Die Bruststücke hinzulegen. Die Fleischtemperatur soll 68°C erreichen. Das Fleisch danach warm halten.

Die Erbsen in der Bouillon aufkochen, in einen Mixer umgießen. Butter hinzugeben und alles zu einer glatten Sauce mixen; nach Bedarf Salz und Pfeffer hinzugeben.

Die Brust in dünne, attraktiv aussehende Scheiben schneiden. Die Sauce aus grünen Erbsen auf den Tellern verteilen, das Fleisch in die Mitte plazieren, dazu ein bißchen frischen Meerrettich. Serviert wird mit Kartoffelpüree, am besten aus einer mehligen Sorte. Abgeschmeckt wird das Püree mit geriebenem, aromatischem Käse.

Marinierte Kanadagans

1 Kanadagans

Marinade:
1 Knoblauchzehe
200 ml Ananassaft, am besten frisch
3 Eßlöffel Sojasauce
2 Eßlöffel Farinzucker
500 ml Bouillon

Zum Garnieren:
250 g Cashewnüsse
2 Eßlöffel Honig
2 Eßlöffel Zucker
2 Eßlöffel Wasser

Als Beilage:
Reis, gekocht mit Kokosraspeln, Zimt und Rosinen

Die Keulen von Knochen befreien, auch die Bruststücke von den Knochen lösen. Das Fleisch würfeln, dann in eine Plastiktüte legen und mit Marinade übergießen. Über Nacht stehen lassen.

Am nächsten Tag das Fleisch herausnehmen, ordentlich abtrocknen und in eine enge Kasserolle legen. Die Hälfte der Marinade dazu gießen; nachgefüllt wird mit der Bouillon. Alles aufkochen, den Topf mit dem Deckel verschließen und für eine Stunde bei 150°C in den Ofen setzen. Das Fleisch herausnehmen, warm halten. Die Brühe durchseihen, das Fett abschöpfen. Falls der Fond zu schwach ist, ihn noch etwas länger einkochen und mit Pfeilwurzmehl, in Wasser eingerührt, bereichern.

Das Fleisch mit der Sauce vermischen.

Garnitur: Eine Mischung aus Nüssen, Honig, Zucker und Wasser ca. 4 Min. lang kochen. Die Nüsse auf das Backpapier auslegen, in den Backofen legen und ca. 12 Min. backen bzw. bis alles eine goldbraune Färbung bekommt. Während des Backens die Nüsse mehrmals wenden.

Die Nußmischung über das Fleisch streuen.

Dazu den Reis reichen.

Enten

Kurze Übersicht

Es gibt viele verschiedene Arten von Wildenten sowohl entlang der Meeresküsten als auch an Binnenseen und in wasserreichen Regionen. Grundsätzlich können sie in zwei Gruppen aufgeteilt werden, in Schwimmenten und Tauchenten. Vor allem werden die Schwimmenten gejagt, die von vielen als eine der wohlschmeckensten Wildarten angesehen werden.

Die größte und verbreitetste unter den Schwimmenten ist die **STOCKENTE**. Den Erpel erkennt man an dem metallisch schimmernden grünen Kopf; im Sommer bekommt er, wie auch andere Schwimmenten, eine anspruchslosere Federtracht. Die Stockente kann an ihrem schönen blauen Flügelspiegel identifiziert werden, den sowohl Erpel als auch Weibchen tragen. Eine erwachsene Stockente wiegt zwischen einem knappen halben Kilo und bis zu 1,5 kg.

Die **KRICKENTE**, nach verbreiteter Auffassung die schmackhafteste aller Schwimmenten, brütet in kleineren Gewässern. Außer ihrer geringen Größe – eine Krickente wiegt nur dreihundert Gramm – erkennt man diese kleinsten Enten an dem grün schimmernden Flügelspiegel. Die Krickente ist ein Zugvogel, und während des Umzugs sammeln sie sich gern an vegetationsreichen, flachen Binnenseen oder passenden Meeresbuchten. Im Flug sind sie charakteristisch schnell, mit plötzlichen Richtungsänderungen.

Die meist gejagten Tauchenten sind Eider- und Schellenten. Die **EIDERENTE** ist ein ausgeprägter Meeresvogel, der fast überall an den Meeresküsten brütet. Der dekorativ in schwarz und weiß geschmückte Eidererpel ist leicht an seiner Musterung zu erkennen, die braun geflammte Federpracht und das charakteristische Profil machen auch das Weibchen gut erkennbar.

Die **SCHELLENTE** brütet an Waldseen und an den Meeresküsten. Im Gegensatz zu den übrigen Arten richtet sich die Schellente Nester ein, zumeist in morschen Baumstämmen oder in Nistkästen. Der Erpel ist mit seinem schwarzweißen Muster und grün glänzendem Kopf mit weißen Flecken am Schnabel sehr dekorativ ausgestattet. Die Flügelfedern alter Erpel erzeugen im Flug den charakteristischen pfeifenden Tafelentenlaut, an dem eine vorüberfliegende Entenschar leicht wahrzunehmen ist. Auch die Weibchen sind gut erkennbar an ihren braun gefärbten Köpfen mit weißem Ring am Hals.

Zu den übrigen Tauchenten, die gejagt werden, gehören u.a. Tafelenten und Seebirkhühner.

FAKTEN ÜBER ENTEN: Man unterscheidet generell zwischen Tauch- und Schwimmenten, gejagt wird u.a. auf Eider- und Schellenten. Zu den Schwimmenten gehören hier die Stock-, Krick-, Pfeif-, Spieß- und Löffelenten. Die Jagd auf Tauchenten verrichtet man mit Hilfe von Lockvögeln, d.h. Plastik- oder Holzimitationen richtiger Enten. Schwimmenten schießt man in der Regel vom Boot aus, wenn sie gerade hoch oben bzw. in Schußweite vorbeifliegen.

Die Entenjagd

Die Jagdarten auf Enten sind vielfältig. Schwimmenten jagt man vor allem an Binnengewässern sowie in den Küstengebieten. An schilfbewachsenen flachen Seen findet die klassische Entenjagd als Kombinationsschießen entweder beim Auffliegen der Enten vom Wasser bzw. beim Vorbeiziehen vom Kahn aus statt. Der Jäger bewegt sich im Kahn durch das Schilf und schießt, wenn die Enten in seiner Schußweite sind. Solche Jagdart ist zu Beginn der Jagdsaison am effektivsten. Die Schwimmenten werden mit zunehmender Abenddämmerung aktiv, wenn sie sich von ihren Ruhestätten auf offenes Wasser zu den von ihnen bevorzugten Nahrungsplätzen begeben. Stockenten fressen außerdem besonders gern Getreide, weshalb sie gegen Abend auf neu gemähte Acker ziehen. Die Jagdbeute an solchen Lieblingsplätzen der Enten kann daher recht reichlich ausfallen. Pfeifenten ziehen dagegen mit Gras bewachsene Grünflächen vor. Sowohl die Krickenten als auch die Stockenten suchen ihr Futter gern in kleinen Teichen und Tümpeln; es kann sich lohnen, dort zur Abenddämmerung auf sie zu warten. Bei der Jagd auf Schwimmenten sollte der Jäger einen für diesen Zweck geeigneten Jagdhund haben, der die geschossene Beute holt.

Die Tauchenten sind aktiver zur Tageszeit und können normalerweise in den Morgenstunden mit Hilfe von Lockvögeln, schwimmenden Attrappen aus Holz bzw. Plastik, gejagt werden. Auf traditionelle Art befindet sich dabei der Jäger in einem Versteck aus Stein, Treibholz oder Torfstücken. An Meerengen, vor Landzungen oder an anderen von den Enten regelmäßig besuchten Stellen jagt man sie oft vom Boot aus.

Schellenten und Tafelenten werden außerdem bei der Jagd auf Schwimmenten an Binnengewässern erlegt.

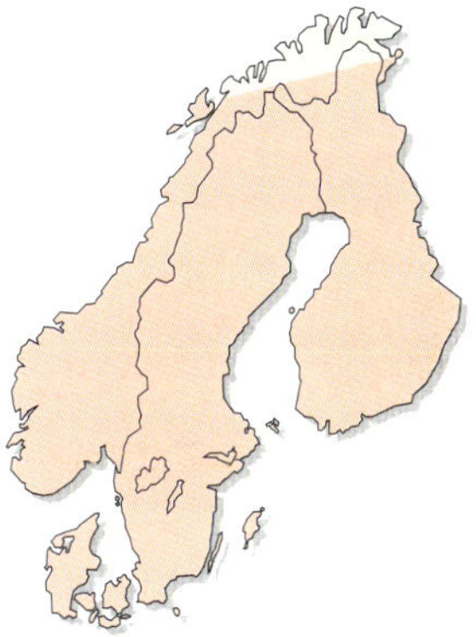

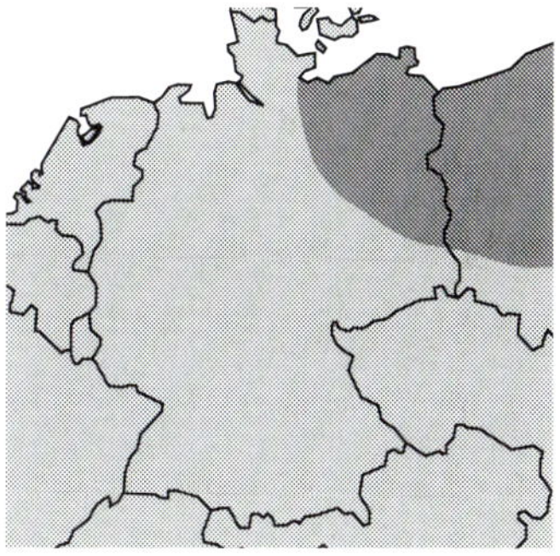

Die Ente in der Küche

Enten müssen relativ schnell verarbeitet werden und dürfen nicht mehr als einen oder zwei Tage hängen. Die Schwimmenten werden gerupft, die Tauchenten am liebsten gehäutet, da ihr Unterhautfett unmißverständlich nach Tran schmeckt, was mit dem Abziehen der Haut größtenteils verschwindet.

Die Schwimmenten besitzen einen charakteristischen, angenehmen Geschmack, ähnlich dem der Hausenten. Das Fleisch ist mürbe und recht dunkel, magerer als bei Hausenten oder Gänsen, jedoch fetter als das Fleisch von Wildhühnern. Genau wie bei allem anderen Wildbrett gilt auch hier die Regel, daß das Fleisch nicht ganz durchgebraten werden darf, weil es in diesem Fall zu trocken wird und an Geschmack verliert. Die Wildente ißt man oft frisch gebraten, es ist aber nicht falsch, sie einen Tag im voraus zu braten und dann kalt zu essen, in dünne Scheiben geschnitten und mit warmem Bratensaft serviert. Aufgrund seines starken Geschmacks kann das Entenfleisch mit ausgeprägt schmeckenden Beilagen serviert werden. Zu einer gebratenen Wildente paßt beispielsweise Apfelsinensaft oder eine mit frischem Ingwer gewürzte Sauce, Dill ist beispielsweise ebenfalls eine gelungene Kombination. Das Entenfleisch kann sich auch zusammen mit Rotkohl, Apfelsinenscheiben oder gekochten, säuerlichen Apfelstücken gut behaupten .

	STOCKENTE
LATEINISCH	Anas platyrhynchos
ENGLISCH	Mallard
FRANZÖSISCH	Canard colvert
SCHWEDISCH	Gräsand
NORWEGISCH	Stokkand
DÄNISCH	Gråand
FINNISCH	Heinäsoorsa, sinisorsa

	SCHELLENTE
LATEINISCH	Bucephala clangula
ENGLISCH	Goldeneye
FRANZÖSISCH	Garrot à æil d'or
SCHWEDISCH	Knipa
NORWEGISCH	Kvinand
DÄNISCH	Hvinand
FINNISCH	Telkkä

	KRICKENTE
LATEINISCH	Anas crecca
ENGLISCH	Teal
FRANZÖSISCH	Sarcelle d'hiver
SCHWEDISCH	Kricka
NORWEGISCH	Krikkand
DÄNISCH	Krikand
FINNISCH	Tavi

Rezepte für Wildente

Entenbraten kann man warm oder kalt essen, in beiden Fällen ist die Wildente ein erlesenes Wildgericht. Es gibt viele verschiedene Entenarten, daher muß man an sich von Anfang an im klaren sein, ob das jeweilige Rezept z.B. einer großen Stockente oder einer kleinen Krickente gilt. Ein Kilo Vogelfleisch reicht normalerweise für vier Personen. Zu den weiter unten folgenden Rezepten können Sie z.B. zwei kleinere Enten nehmen, die in Stücke geschnitten werden. Die Tauchenten können manchmal tranig schmecken, es ist daher ratsam, vor der Zubereitung alles Unterhautfett zu entfernen.

Wildente

1 Wildente (knapp 1 kg)
Butter zum Braten
2 saure Äpfel
Sojasauce, Salz, Pfeffer
1 Mohrrübe
200 ml Sahne
1 Porreestange
2 Eßlöffel Calvados
1 Sellerіewurzel
100 ml Wasser
(eventuell Wacholderbeere)

Als Beilage: Kartoffelpüree, Salat

Ente auf einer tiefen Bratpfanne zusammen mit dem feingehackten Gemüse in Butter anbraten; salzen und pfeffern. Eventuell etwas Wacholderbeeren hinzugeben.

Die Ente herausnehmen und in mittelgroße Stücke zerteilen, mit Folie abdecken. In die Pfanne ein wenig Wasser gießen und kochen lassen, bis so gut wie nichts mehr übrig bleibt. Sahne hinzugeben, eventuell auch Salz und Pfeffer.

Die Sauce durchseihen, etwas Calvados und feingehackte Apfelwürfel hinzugeben. Die Fleischstücke in die Sauce legen, bei geringer Wärme ca. 20 Min. sieden lassen.

Ente gefüllt mit gekochten Kartoffeln

(für 6 Personen)

1 Ente (groß, ca. 3,5 kg; normalerweise wiegen Wildenten 600-700 g)
2, 5 kg Backkartoffeln
1 Zweig Thymian
10 Körner schwarzer Pfeffer
2 Lorbeerblätter
3 Knoblauchzehen
50 g Mehl
Salz, Pfeffer

Die Ente am Rücken aufschneiden, die Knochen entfernen und wieder zunähen. Am hinteren Ende eine Öffnung lassen. Weil dies eine recht schwere Aufgabe ist, kann professionelle Hilfe notwendig werden. Kartoffeln weich kochen, pellen, in große Stücke schneiden und mit Thymian, schwarzem Pfeffer, Lorbeerblatt und feingehacktem Knoblauch vermengen, die Ente damit füllen.

Die Ente nun völlig zusammennähen oder zusammenbinden und auf eine Backpfanne legen. Im Ofen bei 250°C ca. 20 Min. backen.

Fett abgießen, die Bratpfanne mit Mehl bestreuen. Die Wärme auf 175°C reduzieren, das Mehl ca. 10 Min. bräunen, dann 1 1/2 Liter Wasser hinzugeben.

Die Ente 1 1/2 bis 2 Stunden weiter backen, herausnehmen und noch 20 Min. stehen lassen.

Bratensaft von der Pfanne in einen Kochtopf abgießen, den Überschuß vom Fett und andere Reste abschäumen.

Sauce bis zur geeigneten Konsistenz einkochen, salzen und pfeffern.

Die Ente ungeschnitten auf einem Schneidebrett servieren, direkt am Tisch tranchieren.

ENTENRAGOUT

Entenragout

4 Entenkeulen (falls die Enten zu klein sind, 2 Enten ganz zerteilen)
400 ml Rotwein
ein großer Zweig Thymian
2 Knoblauchzehen
50 g Mehl
Bouillon (aus Entenknochen selbst zubereiten, oder fertig gekaufte Enten- bzw. Kalbsbouillon)
2 mittelgroße Mohrrüben
4 mittelgroße Rübchen
8-12 Schalotten
50 g Speck

Als Beilage: gekochte Kartoffeln, Grünkohlpüree oder gebackene Schwarzwurzel

Die Keulen in der Mitte (am Gelenk) zerteilen. Vom oberen Teil den Knochen herausnehmen und das Fleisch in zwei gleich große Stücke schneiden; dasselbe mit dem unteren Teil versuchen. Als Alternative können Sie eine ganze Ente zerstückeln.

Wurzelgemüse schälen, in gleichgroße Stücke schneiden; übriggebliebenes Gemüse aufheben. Die Zwiebeln müssen geschält und unzerteilt sein.

Die Entenstücke (3 Stck. pro Person) bzw. Keulen anbraten, Thymian, Knoblauch und Gemüsereste hinzugeben. Mit Mehl bestreuen, die Stücke wenden. In Rotwein und etwas Bouillon abkochen (denken Sie daran, daß die fertiggekaufte Bouillon sehr salzig sein kann). Kochen lassen, bis das Fleisch mürbe wird; es dauert normalerweise eine halbe Stunde.

Das Fleisch herausnehmen, die Sauce in einen anderen Topf abgießen. Eine Weile stehen lassen, damit der Überschuß an Fett hochsteigt und dann abgenommen werden kann. Das Fett aufbewahren.

Den Speck würfeln und in einen Durchschlag legen; die Zwiebeln, Rübchen und die Mohrrüben in einer kleinen Menge Entenfett bzw. Butter andünsten. Wasser hinzugeben (das Gemüse soll nicht ganz bedeckt sein), mit Salz und Thymian würzen; alles bei hoher Wärme kurz aufkochen lassen, dann die Wärme verringern und sieden lassen, bis das Gemüse weich genug ist. Die Flüssigkeit muß so gut wie ganz verdunstet sein.

Sauce aufkochen, salzen und pfeffern, über das Gemüse gießen und alles zusammen mit den Fleischstücken aufwärmen.

Das Ragout in einer warmen Schale, am besten mit etwas gehackter Petersilie servieren. Als Beilage eignen sich gut gekochte Kartoffeln, Grünkohlpüree bzw. gebackene Schwarzwurzel.

Aus der Tiefe in den Kochtopf

Fisch ist eine gesunde und gutschmeckende Nahrung. Viele unterschiedliche Gerichte können aus Fisch zusammengestellt werden: ein guter Koch kann Fischfleisch zu außergewöhnlichen gastronomischen und kulinarischen Erlebnissen erheben; frischer Fisch kann aber auch schnell und einfach direkt nach dem Angeln zubereitet werden.

Der Fisch ist daher eine vieseitig verwendbare Rohware sowohl für den kulinarischen Neuling als auch für den Kenner, der das gesamte Register der Kochkunst beherrscht. Unabhängig davon, ob man den Fisch direkt am Wasser oder in einer Fischerhütte zubereitet oder auch zu Hause in einer gut ausgerüsteten Küche - der Fisch bietet immer viele Variationsmöglichkeiten. Damit er seine Qualität und seinen Geschmack jedoch nicht verliert, ist es besonders wichtig, daß er den ganzen Weg vom Wasser bis in den Kochtopf fachgerecht behandelt wird. Daran wird leider zu wenig gedacht.

Töten und Säubern des Fisches

Zunächst muß der Fisch nach dem Fang so schnell wie möglich getötet werden, um ihm einerseits das Leiden zu ersparen und andererseits die weitergehende Produktion der Milchsäure im Körper zu verhindern. Fische, die von allein sterben müssen, erleben dabei einen sehr starken Streß, was dazu führt, daß bedeutende Mengen Milchsäure in die Muskelmasse ausgesondert werden und die Qualität des Fisches sich verschlechtert.

Eine einfache Art, einen größeren Fisch zu töten, ist die, daß man die Halsader vom Kiemendeckel bis zur Bauchhöhle durchschneidet. Der Fisch stirbt dadurch schnell und verliert außerdem sein gesamtes Blut.

Bei kleineren Fischen ist es angebracht, mit einem Messer ins Gehirn zu stechen, das direkt hinter den Augen liegt. Trifft man es gut, stirbt der Fisch innerhalb weniger Sekunden. Eine andere Alternative ist die, daß man mit einem harten Gegenstand und flinkem Hieb dem Fisch auf den Kopf schlägt, z.B. mit dem Messergriff oder einem hammerähnlichen Gegenstand. Der Fisch stirbt dabei unmittelbar.

Fische müssen im allgemeinen so bald wie möglich gesäubert werden, sonst können die Verwesungsbakterien in den Därmen und im Magen den ganzen Fisch verderben. Man schneidet den Bauch vom Kopf bis zum After - auch umgekehrt - auf. Um Gallenblase, Därme oder Magen nicht zu verletzen, wodurch sich die Bakterien in der Bauchhöhle verbreiten könnten, müssen die Innereien vorsichtig ausgenommen werden. Spülen Sie danach den Fisch mit frischem Wasser ab und entfernen Sie die Blutader, die am Rückgrat verläuft.

Soll der Fisch geschuppt werden, fängt man vom Schwanz in Richtung Kopf an - dann am besten direkt am Wasser und noch vor dem Säubern. Beim Spülen des gesäuberten Fisches darf man ebenfalls nicht vergessen, daß Süßwasser oft bedeutend mehr Bakterien enthält als Salzwasser. Es kann deswegen angebracht sein, den Fisch zunächst einfach mit einem sauberen Stück Stoff abzutrocknen und erst später zu Hause zu säubern.

Die Aufbewahrung

Fischfleisch ist in vielen Fällen empfindlicher als anderes Tierfleisch. Es kann vor allem schnell schlecht werden, insbesondere wenn die Lufttemperatur über 15°C liegt. Das liegt daran, daß der Fisch an eine Umgebung angepaßt ist, wo die Temperaturen bedeutend tiefer sind als in der Luft, besonders in der Sommerzeit. Es hängt zum anderen auch davon ab, daß die in Gewässern lebenden Bakterien völlig anderer Art sind als die zu Lande. Eines ihrer Merkmale ist die Selbstverbrennung, die sogenannte Autolyse. Bei der Selbstverbrennung lösen die Enzyme das Zellgewebe auf, sobald der Fisch tot ist, und dieser Prozeß wird mit steigenden Temperaturen beschleunigt. Ein Zeichen fortgeschrittener Selbstauflösung ist das sich Lösen des Skeletts vom Fleisch, es verliert dabei seinen Geschmack.

Um den Angriff der Bakterien abzuwehren und den oben beschriebenen Prozeß zu verlangsamen, muß der Fisch richtig aufbewahrt werden. Dies bedeutet, daß er vor allem kühl aufbewahrt werden muß - im Sommer den Fisch am besten in eine Kühltasche legen, falls es noch mehrere Stunden dauert, ehe der Fisch zu Hause zubereitet wird. Ein anderes geeignetes Mittel ist auch das Einreiben der Bauchhöhle mit etwas Essig oder Salz. Deswegen sollte man aus praktischen Gründen beim Angeln immer Salz bei sich haben, vergessen Sie jedoch nicht, daß zu große Mengen Salz den Fisch austrocknen können, weil Salz die Flüssigkeit aufsaugt. Essig ist in dieser Hinsicht besser geeignet.

Der Fisch muß also trocken und kühl aufbewahrt werden - und niemals in direktem Sonnenlicht. Manche Fischarten - z.B. Forelle und Saibling - können einfach in sauberes Papier oder noch besser in ein sauberes, trockenes Stück Stoff eingewickelt werden. Als Alternative geht auch Gras oder Wacholdergesträuch. Es ist überhaupt wichtig, daß der Fisch auf eine Art aufbewahrt wird, wo die Luft um ihn herum frei zirkulieren kann. Fische sollte man niemals dicht aneinander legen, sondern einen Zwischenraum lassen oder etwas dazwischen legen. Bei kleineren Fischen können zu diesem Zweck während eines ganzen Tages geflochtene Körbe benutzt werden. Größere Exemplare von Lachs oder Forelle hängt man üblicherweise an einem Baumast auf, zum einen damit sie frei und luftig hängen, zum anderen damit das Blut ordentlich abläuft.

Fischfleisch verdirbt sehr schnell, wenn man es in eine Plastiktüte oder in irgendeinen luftdichten Behälter oder in die Sonne legt - und noch schlimmer - in dem vor Hitze kochenden Kofferraum im Auto aufbewahrt! Und selbstverständlich darf der gesäuberte Fisch nicht mit Erde in Kontakt kommen, da sich dort immer viele Bakterien aufhalten.

Das Einfrieren

Den Fisch friert man immer unzerteilt ein, insbesondere fette Sorten. Dadurch ist er weniger einer Einwirkung von Bakterien und anderen Verunreinigungen ausgesetzt. Außerdem wird Fischfleisch dadurch nicht so schnell ranzig. Die fetten Sorten - Lachs, Forelle, Saibling und Aal - halten sich im Tiefkühlfach normalerweise 3-4 Monate, während Dorsch, Hecht, Zander und andere magere Arten mindestens ein halbes Jahr im Tiefkühlfach verbringen können.

Der Fisch sollte in luftdichter Verpackung bei mindestens -18°C eingefroren werden. Hat man keinen Zugang zu einem Vakuumverpackungsapparat, kann man versuchen, mit dem Mund so viel Luft wie möglich aus der Plastiktüte herauszusaugen. Seine Haltbarkeit wird ebenfalls erhöht, wenn der Fisch in Gefrierfolie eingewickelt wird, insbesondere wenn der Fisch zerstückelt ist.

Vergessen Sie auch nicht, jede Verpackung mit Angaben über die Fischart und das Einfrierdatum zu versehen.

Das Häuten des Plattfisches

1. Zuerst die Flossen und den Kopf entfernen. Die Schwanzflosse muß nicht entfernt werden, da diese als ein bequemer Handgriff dienen kann. Wenn man den Kopf bogenförmig von oben losschneidet und ein kleines Stück Haut unten am Mund ausläßt, kann an diesem gezogen werden, wobei normalerweise alle Innereien mitfolgen.

2. Mit scharfem Messer einen Einschnitt an der Schwanzflosse machen - so flach wie möglich dicht unter der Haut.

3. Die Haut abziehen. Dies kann auf verschiedene Weise geschehen. Zu empfehlenist es, sich mit einem Handtuch einen festen Griff zu sichern oder die Haut über die Messerschneide aufzurollen. Falls das zu schwer ist, mit einer Flachzange arbeiten!

Zubereitung

Im Kühlschrank kann ein richtig behandelter Fisch normalerweise problemlos bis zu 24 Stunden liegen. Wie frisch der Fisch ist, läßt sich auf vielerlei Art überprüfen. Der Fisch sollte seine Leichenstarre beibehalten haben und die ursprüngliche Färbung der Kiemen aufweisen. Er soll außerdem eine richtige Konsistenz haben, die sich kontrollieren läßt, indem man auf den Fisch leicht mit dem Finger drückt; die Haut muß dabei elastisch wirken und leicht federn. Selbstverständlich sollte der Fisch auch frisch riechen.

Bei der Zubereitung gelten einige einfache Regeln, denen leicht zu folgen ist: Fische bis zu zwei Kilo eignen sich gut zum Braten, Grillen oder Rösten. Größere Fische passen besser zum Kochen bzw. zum Backen im Ofen. Fette Fische wie Forelle, Lachs und Aal sind dagegen sehr gut zum Räuchern geeignet, ganz im Gegensatz zu den mageren Fischarten, deren Fleisch viel zu trocken ist.

Einige Fische, z.B. der Hecht, können manchmal mit Schuppen gekocht werden; in diesem Fall muß der Fisch zunächst mit einem Eßlöffel Essig bzw. einem Eßlöffel Salz per Kilo Fisch eingerieben und ca. eine halbe Stunde liegen gelassen werden. (Diese Behandlung wird im übrigen sowohl Geschmack als auch Konsistenz aller anderen Fischarten verbessern!) Danach wird der Fisch gründlich abgespült und abgetrocknet, bis kein Schleim mehr auf der Fischhaut vorhanden ist. Auf diese Art und Weise verschwindet auch der typische Fischgeschmack bei gekochtem Fisch, den viele ablehnen.

Zum Braten braucht der Fisch nicht unbedingt ganz frisch gefangen sein. Eine allgemeine Regel lautet, daß man fettarme Fischarten zum Braten (in Fett) vorzieht. Was fette Fischarten wie z.B. Forelle betrifft, sind Rösten und Grillen sehr vorteilhafte Zubereitungsarten. Wie wäre es beispielsweise mit einem Lagerfeuer am Ufer eines Sees in einer hellen Sommernacht, wo Sie Ihren frisch gefangenen Fisch gleich auf dem Feuer grillen?

Filieren von Rundfisch

1. Der Fisch sollte ausgenommen sein, eventuell die Schuppen entfernen - jedoch den Fisch nicht häuten. (Schneiden Sie eventuell die Haut vom Kopf bis zum Schwanz entlang der einen Seite der Rückengräte ein.) Beginnen Sie direkt hinter dem Kopf bis zur Rückengräte zu schneiden, halten Sie das Messer in der Horizontale und führen Sie es bis zum Schwanz, dabei soll das Messer so nahe wie möglich an der Rückengräte gehalten werden

2. Säubern Sie das Filet.

3. Machen Sie einen leichten Schnitt zwischen Haut und Fleisch an der schmalen Seite des Filets. Halten Sie die Haut mit leichter Spannung fest. Schneiden Sie dann mit einer Sägebewegung die Haut vom Filet. (Falls sich die Haut schwer festhalten läßt, kann man die Finger in etwas Salz tauchen oder ein Handtuch zu Hilfe nehmen.)

4. Oft bleiben noch kleine Gräten im dicken Teil des Filets zurück. Will man das Filet völlig grätenfrei haben, schneidet man einfach den "Mittelstrang" bis zur Hälfte des Filets heraus. Den Fisch wenden und die Prozedur wiederholen.

Das Räuchern

Das Räuchern erschwert den Angriff der Bakterien, verzögert deutlich den Prozeß der Selbstverbrennung und konserviert damit den Fisch. Zum Räuchern braucht man Zugang zu einer Form von Rauch; hier unterscheidet man zwischen Warm- und Kalträuchern. Das Warmräuchern dauert nur einige Stunden und kann mit dem Rauch von einfachem, offenem Feuer unternommen werden, während Kalträuchern mehrere Tage in Anspruch nimmt und eine feste Anlage voraussetzt, die lange Abkühlungabschnitte ermöglicht.

Vor dem Räuchern muß der Fisch auf beiden Seiten sowie in der Bauchhöhle mit Salz eingerieben werden. Man kann ihn auch in eine Lösung aus Salz und Kräutern einlegen. Nach drei bis vier Stunden spült man den Fisch mit kaltem Wasser aus und legt ihn an einen gut belüfteten und kühlen Ort, wo er noch ein paar Stunden trocknen kann.

Kleinere Fische, die zum Warmräuchern besser geeignet sind, hängt man dabei normalerwesie am Kopf auf. Größere Fische können zum Räuchern auf zweierlei Art vorbereitet werden. Man trennt den Kopf ab, schneidet den Fisch am Rücken entlang ein und teilt ihn in zwei filetartige Hälften; die Wirbelsäule wird entfernt und die beiden Hälften mit zwei oder mehreren scharfen Holzsplittern quer durch das Fleisch zusammengeheftet. Eine andere Methode ist, den Fisch ganz einfach zu filieren und jedes Filet für sich zu räuchern.

Zum Warmräuchern ist eine Temperatur von 65°C notwendig; angefangen wird mit einer niedrigen Temperatur, die ständig erhöht wird. Der eigentliche Prozeß des Räucherns nimmt dann zwischen zwei und zehn Stunden in Anspruch, abhängig von der Größe des Fisches und wie stark er geräuchert werden soll.

Als Brennstroff für die Raucherzeugung wird das Holz von Laubbäumen oder Reisig von Nadelbäumen verwendet. Dabei sollten Sie wissen, daß verschiedene Hölzer auch einen unterschiedlichen Geschmack ergeben; durch etwas Übung werden Sie mit der Zeit sicherlich auf die Holzsorten kommen, die dem Fisch beim Räuchern den angenehmsten Geschmack verleihen.

Ein warmgeräucherter Fisch hält sich ungefähr eine Woche, vorausgesetzt, daß er kalt aufbewahrt wird. Um die Haltbarkeit zu verlängern, muß der Fisch eingefroren werden.

Beim Kalträuchern wird der Rauch durch einen mehrere Meter langen Kanal geleitet, bevor er den Fisch erreicht. Die Temperatur des Rauches, der den Fisch berührt, sollte viel niedriger sein - ideal sind 28°C, und auf keinen Fall höher als 35°C. Geräuchert wird in besonderen Anlagen, die relativ kompliziert aufgebaut sind. Was die Wahl des Brennstoffs und den daraus resultierenden Geschmack betrifft, gelten hier dieselben Regeln wie beim Warmräuchern. Normalerweise gibt man seine Fische zum Kalträuchern dem Fachmann, besonders wenn es sich um einen Riesenlachs handelt. Denn dieser Prozeß braucht nicht nur professionelle Ausrüstung, sondern auch fachmännische Kenntnisse. Das Kalträuchern ist eher eine Beschäftigung, die man ohne gute Fachkenntnisse nicht ausführen kann.

GÖRAN CEDERBERG

Filieren von Plattfisch

1. Den Fisch von Kopf bis zur Schwanzflosse an der Wirbelsäule entlang einschneiden.

2. Das Filet mit einem scharfen Messer abtrennen - von der Wirbelsäule nach außen hin zur Flosse, so dicht an den Knochen wie möglich anliegend. Es löst sich leichter, wenn Sie an der Flosse entlang einschneiden.

3. Die Haut vom Filet abtrennen, an der schmalen Seite anfangen und so dicht wie möglich an der Haut anliegend.

4. Die Außenkante des Filets abschneiden: Sie ist voller kleiner Gräten. Die gesamte Prozedur mit den restlichen Filets wiederholen. Ein Fisch ergibt insgesamt vier Filets.

Der Barsch

Kurze Fakten

Der Barsch kommt fast überall in Europa vor: in Binnenseen, in nicht allzu schnellen Stromgewässern und im Brackwasser der Ostsee . Sein Körper ist relativ hoch, er hat eine stachelförmige Rückenflosse, rote Bauchflossen und dunkle Querstreifen an den grüngelben Seiten.

Typisch ist für den Barsch, daß er in Schwärmen verschiedener Größe auftritt und zu den sogenannten Warmwasser liebenden Fischarten gehört, d.h. er wird aktiver je wärmer das Wasser ist. Im Sommer jagt er deshalb gern sein Futter dicht an der Wasseroberfläche im warmen Wasser über steinigem, flachem Boden. Das wichtigste Futter für noch nicht ausgewachsene Barsche ist Plankton, aber auch verschiedene in Wasser lebende Larven, Wasserkellerasseln und ganz junge Garnelen. Wenn die Barsche eine Länge von 15-20 cm erreicht haben, besteht ihre Hauptnahrung aus Kleinfischen – einschließlich der eigenen Art.

Der Barsch hat seine Laichzeit zwischen März und Juni an flachen Stellen mit vegetationsreichem Boden. Der Rogen wird normalerweise in meterlangen Streifen auf Zweige, Wurzeln oder andere Pflanzenteile gelegt. Die Eier gehen nach 15-20 Tagen auf. Die erste Zeit lebt der Barschnachwuchs pelagisch, nach ein paar Monaten sammelt er sich jedoch zu Schwärmen, die an den Ufern hin und her schwimmen. Große Barsche, die schwerer als ein Kilo sind, sind oft Einzelgänger.

Der relativ langsam wachsende Barsch kann bis zu zehn Jahre alt werden und wiegt dann - wenn er genug Nahrung hat - ungefähr vier Kilo. Das normale Gewicht liegt jedoch unter einem Kilo. In nahrungsarmen Gewässern, besonders wenn diese überbevölkert sind, bilden sich Bestände von kleinwüchsigen, geschlechtsreifen Exemplaren, die trotz ihres Alters nicht voll ausgewachsen sind. In der Regel werden die Weibchen größer als die Männchen.

FAKTEN ÜBER DEN BARSCH: Die klassische Angelmethode für Barsche ist die Angel mit dem Haken, man kann aber den Barsch auch mit einer Spinnangel und Rolle, mit Blinker und Haken oder Fliege angeln. Der Barsch tritt in Scharen auf und kann bis zu vier Kilo schwer werden. Normalerweise ist er jedoch unter 25 cm lang und wiegt knapp ein Kilo.

Der Barsch als Sportfisch

Der Barsch ist ein sehr beliebter Fisch bei Angelsportlern in ganz Europa, weil er in vielen Gewässern vorkommt und daher fast überall gute Angelmöglichkeiten bietet. Außerdem ist er ein richtiger Kämpfer, wenn man ihn mit leichter Ausrüstung angeln will. Neben der Angel mit Wurm – die klassische Angelmethode – fängt man ihn auch mit der Spinnangel und Rolle, mit Pilker und Fliege. Die gewöhnlichsten Köder sind beim Spinnangeln kleinere Spinner und Jigger, während die Fliegenangler gern einen Streamer wählen und die Spinnangler einen Pilker. Köder mit rötlicher Färbung gefallen dem Barsch übrigens recht gut.

Intensiv geangelt wird der Barsch eigentlich nur zweimal im Jahr: im Winter und im Sommer. Zur Sommerzeit angelt man ihn in warmen, relativ flachen Gewässern in steinigen Buchten, wo der Barsch auf Nahrungssuche ist. Wenn sich das Wasser im Herbst abkühlt, begibt sich der Barsch in tiefere Wasserschichten; beim Eisangeln im Winter sucht man ihn dann dicht über dem Boden, wo das Wasser am wärmsten ist (+4°C). An sonnigen Frühlingstagen kann er sogar bis zur Oberfläche steigen. Es sei erwähnt, daß der Barsch sehr luftdruckempfindlich ist. Bei Tiefdruck oder bei raschen Wetterveränderungen ist er sehr schwerfällig und beißt schlecht an, bei Hochdruck aber kann man mit ihm ein richtiges Tauziehen erleben. Zu seiner Eigenart gehören auch ausgeprägte Anbeißperioden. Und – hat man einen Barsch am Haken, folgen ihm normalerweise mehrere nach.

Ein Tip zum Angeln in warmen Jahreszeiten: Achten Sie auf tauchende Möwen, weil sich die Möwen oft mit Kleinfischen vollfressen, die von den Barschen an die Wasseroberfläche gejagt werden. Dem Angler im Boot wird in diesem Fall geraten, das Boot ein Stück entfernt vom Schwarm zu plazieren und von da die Angel einzuwerfen.

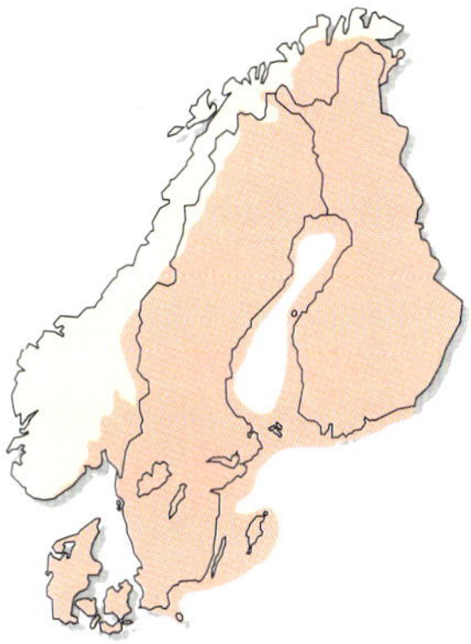

Der Barsch nach dem Fang

Trotz den vielen Gräten ist der Barsch ein populärer Fisch in der Küche. Er kann gebraten, gekocht, gegrillt und geräuchert werden. In der Regel zieht man zunächst die Haut ab, wodurch auch die Flossen abgehen. Vom Fisch, der nicht gehäutet ist, müssen die Schuppen entfernt werden, bevor er zubereitet wird. Die Schuppen sollte man so bald wie möglich entfernen, weil sie, einmal getrocknet, sehr fest sitzen.

BARSCH

LATEINISCH	Perca fluviatilis
ENGLISCH	Perch
FRANZÖSISCH	Perche
SCHWEDISCH	Aborre
NORWEGISCH	Aborr
DÄNISCH	Aborre
FINNISCH	Ahven

Rezepte für Barsch

Der Barsch ist wohlschmeckend und daher sowohl für sehr avancierte als auch für die einfachsten Gerichte geeignet. Am leichtesten ist es, ihn einfach in Alufolie einzuwickeln und auf der Glut mit etwas Salz zu braten. Zum gebratenen Fisch, den man ruhig mit den Fingern essen kann, genießt man am besten ein kaltes Bier.

Klare Barschsuppe

Barschfilets oder kleine Barsche (ohne Schuppen)
4-5 Kartoffeln
150 g Butter
1 sehr fein geschnittene Zwiebel

Bouillon:
Barschgräten
2-3 Zwiebeln
2-3 Lorbeerblätter
einige Körner Nelkenpfeffer
5-8 Körner weißer Pfeffer
Wasser

Als Beilage:
geröstetes Roggenbrot aus Sauerteig, Dill

Die Barschgräten in eine Kasserolle mit Gewürzen und Zwiebeln legen. Wasser hinzugießen, so daß die Gräten ganz bedeckt sind. Ca. 45 Min. lang sieden lassen, dann durchseihen.

(Falls Sie die Barsche nicht filieren wollen oder können: die Kiemen entfernen und die Fische in die heiße Bouillon zusammen mit den Gewürzen legen. Alles ca. 30 Min. ziehen lassen. Die Fische können Sie später in die fertige Suppe geben.)

Kartoffeln schälen, in ca. 1,5 cm große Würfel schneiden. Die Hälfte der Butter schmelzen, die Zwiebeln hellgelb andünsten. Die Kartoffelwürfel dazugeben, sie zusammen mit den Zwiebeln eine Weile braten. Die Barschbouillon hinzugeben, sieden lassen, bis die Kartoffeln fast gar sind. Dann auch die Barschstücke anbraten.

Mit feingeschnittenem Dill überstreuen; kurz vor dem Servieren eine Scheibe in Butter geröstetes Roggenbrot zur Suppe legen.

KLARE BARSCHSUPPE

Barschfilets mit Dillbutter und passierten Kartoffeln

Barschfilets
1 Bund Dill
ca. 50 g Butter pro Person
Salz
frisch gemahlener Pfeffer
ein paar Eßlöffel Weißwein

Sonstiges: Alufolie

Als Beilage: gekochte Kartoffeln

Alufolie mit Butter einfetten, die Filets gesalzen und gepfeffert auf die Folie legen. Eine gute Portion feingehackten Dills und eine solide Portion Butter dazugeben. Mit ein paar Eßloffeln Weißwein übergießen.

Die Folie zu einem dicht verschlossenen Paket formen, bei 200°C für ca. 20 Min. in den Ofen setzen. Die Filets aus der Folie herausnehmen und auf den Tellern zusammen mit der Schmelzbutter servieren. Die gekochten Kartoffeln durch ein grobmaschiges Sieb passieren.

Gebackener Barsch mit Salz

1-2 kg grobes Salz
kleine, gesäuberte Barsche

Als Beilage:
gekochte Kartoffeln und Dillbutter
oder angebratene Zwiebeln und Schnittlauch-Tomatensalat

Barsche säubern, Kiemen entfernen (sie sind rot unter dem Kiemendeckel und schmecken bitter); den Kopf brauchen Sie nicht zu entfernen. Mit Haushaltspapier abtrocknen. Die Barsche ganz mit grobem Salz überstreuen und im Ofen ca. 40 Min. bei 225°C backen.

Die Fische vom Salz befreien, mit geschmolzener Dillbutter und mit gekochten Kartoffeln servieren. Als Beilage können Sie auch z.B. angebräunte Zwiebelscheiben oder einen Schnittlauch-Tomatensalat servieren.

Der Hecht

Kurze Übersicht

Es gibt wohl nur wenige Fischarten, die sich noch leichter identifizieren lassen, als der Hecht. Mit seiner grünen Tarnmusterung, dem langgezogenen Körper, seiner breiten, entenähnlichen Schnauze und dem enormen Maul voller großer, messerscharfer Zähne – besonders bei größeren Exemplaren – jagt er jedem Respekt ein. Außerdem kann der Hecht ziemlich groß werden, alles das ist sicherlich der Grund, warum es auch so viele Geschichten gibt, in denen erzählt wird, wie Menschen vom Hecht angefallen und sogar gebissen wurden.

Wie auch immer – der Hecht ist in den Binnenseen und in langsam fließenden Flüssen in ganz Europa – außer den Gebirgsregionen – ein sehr häufig vorkommender Fisch. Er kommt aber auch an den Ostseeküsten im flachen Wasser vor.

Der Hecht wird in der Regel 30-120 cm lang, in Einzelfällen kann er jedoch eine Länge von über 150 cm erreichen und dementsprechend über 30 kg wiegen. Der Hecht hat seine Laichzeit von März bis Mai. Die Eier, die nach 10 bis 15 Tagen aufgehen, werden in flachen Gewässern in Schilf und kräftiger Vegetation abgelegt.

Wie die meisten jungen Fische ernähren sich auch junge Hechte von Plankton und anderen wirbellosen Kleintieren. Der Übergang zur Fischdiät geschieht jedoch schon sehr früh. Fischsorten wie Plötze, Barsch, Felchen und Strömling stehen dabei auf seiner Speisekarte, es kann aber durchaus auch die eigene Art sein, die der Hecht vertilgt. Manchmal kommt es auch vor, daß die Hechte ihre eigene Gierigkeit umbringt, weil ihre Beute so groß ist, daß sie sie nicht verschlucken können.

Diese ausgeprägt räuberische Fischart, die sich bei der Jagd vor allem auf ihr eigenes Sehvermögen verläßt, bevorzugt relativ kühle Gewässer und ist dazu auch noch ein Einzelgänger: Hechte bilden niemals Schwärme, auch wenn es manchmal zu einer Ansammlung von mehreren Exemplaren kommen kann, wenn die Jagdfläche relativ klein und die Beute reichlich ist.

FAKTEN ÜBER DEN HECHT: Der Hecht hat viele messerscharfe Zähne und ist ein ausgesprochener Raubfisch. Unter Anglern ist er ausgesprochen populär, nicht zuletzt deswegen, weil er ein herrlicher Kämpfer und in seinen Reaktionen unberechenbar ist. In der Regel ist ein Hecht 30-120 cm lang; ein richtig großer Hecht kann über 30 kg wiegen.

Der Hecht als Sportfisch

Der Hecht ist als Sportfischart sehr populär, wahrscheinlich wegen seiner starken Verbreitung und seiner imposanten Größe und der Tatsache, daß ein Hecht am Hacken einen richtigen Freiheitskampf liefert, häufig durch heftige Explosionen an der Wasseroberfläche.

Die am meisten verbreitete Fangmethode für den Hecht ist das Spinnangeln mit lebenden oder toten Fischen als Köder, normalerweise Plötze, Brachse und Barsch. Beim Spinnangeln gelten die Wobbler als der beste Köder. Blinker und Spinner bringen Ihnen aber auch Hechte an die Angel. Während der letzten Jahre ist auch das Flugangeln mit großen Streamern und sogenannten Mausfliegen populär geworden.

Die Hauptsaison für das Hechtangeln liegt im Frühjahr und im Herbst, wenn der Hecht relativ viel frißt und sich in verhältnismäßig flachem Wasser aufhält. Zur Sommerzeit ziehen sich die Hechte in tiefere und kühlere Gewässer zurück, in der Nacht ist es wiederum möglich, daß sie sich zum Jagen in flachere Stellen begeben. Häufig verstecken sie sich auf dem Grund in schützenden Gewächsen oder auf andere Weise getarnt, um sich später an ihre Beute heranzuschleichen und sie seitwärts explosionsartig zu attackieren. Die Beute wird im Maul umgedreht und vom Kopf aus heruntergeschluckt. Das ist für den Angler wichtig zu wissen, weil es für ihn auch eine praktische Bedeutung hat. Man sollte mit dem Gegenruck der Angel abwarten und dem Hecht die Chance geben, seine Beute zu verschlucken.

Der Hecht hat mehr oder weniger deutliche Anbeißperioden. Diese hängen teilweise von der Laichzeit ab und auch davon, daß der Hecht sich ab und zu voll frißt, um dann die eingenommene Nahrung zu verdauen, bis er wieder hungrig wird. Je größer der Hecht ist, desto mehr frißt er und desto längere Zeit braucht er zum Verdauen. Wenn Hechte nicht anbeißen, ist es vernünftig, das Angeln abzubrechen und es nach ein paar Tagen wieder zu versuchen.

Eine verbreitete Methode z.B. in Skandinavien ist es, auf dem Eis die sogenannte Hechtschere zu montieren. Diese besteht aus einem beweglichen und einem fest montierten Teil und wird mit einem lebendem Köder ausgestattet. Wenn sich der Hecht die Beute schnappt, schnappt auch die Schere über seinem Kopf zu. Es ist wichtig, die Scheren oft zu kontrollieren, damit dem Hecht unnötiges Leiden erspart bleibt.

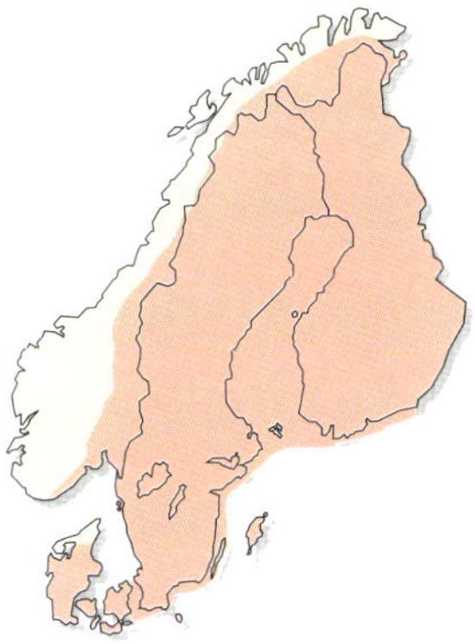

HECHT

LATEINISCH	Esox lucius
ENGLISCH	Pike
FRANZÖSISCH	Brochet
SCHWEDISCH	Gädda
NORWEGISCH	Gjedde
DÄNISCH	Gedde
FINNISCH	Hauki

Der Hecht nach dem Fang

Die Auffassungen darüber, ob der Hecht ein guter Speisefisch ist, gehen weit auseinander: Manche rechnen ihn zu den sehr guten Speisefischen, der auf vielerlei Art zubereitet werden kann; andere halten ihn einzig und allein dazu geeignet, gemahlen als Füllung zu dienen. Dahinter verbirgt sich wahrscheinlich die Tatsache, daß der Hecht sehr viel Gräten hat, die leicht im Hals stecken bleiben können.

Der Hecht ist trotz allem ein ausgezeichneter Speisefisch. Als ganzes Stück oder in Filets kann er zum Zubereiten von vielen Gerichten verwendet werden. Wie alle anderen Fische sollte er zunächst so bald wie möglich nach dem Fangen gesäubert werden, das betrifft ebenfalls das Entschuppen. Das beste Gewicht eines Hechts liegt bei drei bis vier Kilo, denn noch größere Hechte können einen tranigen Geschmack haben. Und nicht zu vergessen - der Hecht ist ein sehr magerer Fisch!

Rezepte für Hecht

Viele werden von den vielen Gräten des Hechts abgeschreckt und wollen ihn deshalb nicht essen. Dann weiß man aber auch nicht, worauf man dabei verzichtet. Der Hecht ist ein wunderbarer Fisch mit einem einzigartigen, milden Geschmack. Er paßt sowohl zu alltäglichen Gerichten als auch zu Festlichkeiten, dann kann man ihn mit einer guten Weinsorte, z.B. mit trockenem weißem Burgunder genießen. Der Mutige wählt zu Hechtbouletten einen Pinot Noir.

Überbackener Hecht auf Kartoffelbett

1 junger Hecht (ca. 1,5 kg) bzw. 500-600 g Hechtfilet
ca. 1 kg gepellte, feste Kartoffeln
3 Zwiebeln
ca. 0,5 l trockener Cider
8 zerkleinerte Körner Nelkenpfeffer
etwas frisch gemahlener schwarzer Pfeffer
300 ml Crème fraîche
1 Bund fein geschnittener Schnittlauch
1 Bund feingeschnittene Petersilie

Als Beilage: eingelegte rote Bete

Die Kartoffeln pellen, die Zwiebeln in dünne Scheiben schneiden. Kartoffeln, Zwiebeln und die Nelkenpfeffermischung in einer mit Butter eingefetteten ofenfesten Form gut vermischen. Den Cider aufgießen; bei 180°C für ca. 40 Min. im Ofen backen.

Wenn die Kartoffeln gar sind, die gesäuberten Hechtfilets bzw. die gesäuberten Hechtstücke dazulegen. Mit Crème fraîche und den Kräuter bedecken. Für weitere 15 Min. im Ofen backen. Serviert wird mit eingelegten roten Beten als Beilage.

Hechtklößchen und Spinat mit Käsesauce

400 g Hechtfilet
1 Teelöffel Salz
300 ml Schlagsahne
1 Ei
geriebene Muskatnuß
grobgemahlener weißer Pfeffer
fein geriebene Schale einer Zitrone
500 g frischer Blattspinat bzw. 250 g tiefgefrorener Spinat
50-100 ml Weißwein

Käsesauce:
500 ml Milch
40 g Weizenmehl
40 g Butter
100-150 g geriebener Käse

Zubehör: Alufolie

Den Hecht in fingerdicke, längliche Stückchen schneiden; Salz, Pfeffer und geriebene Muskat mischen. Mit der Küchenmaschine alles zusammen zu einer gleichmäßigen, festen Masse verrühren. Zunächst das Eigelb, dann das Eiweiß zugeben und sehr sorgfältig zusammenmischen. Die kalte Schlagsahne in einem feinen Strahl oder in kleinen Portionen dazugießen, so daß Sie eine Masse mit fester Konsistenz erhalten. Für ein paar Stunden kalt stellen.

Aus der Masse eierförmige Klößchen mit Hilfe eines Löffels formen und auf eine ofenfeste Unterlage legen. Mit Weißwein bespritzen, mit Alufolie abdecken und für 15-20 Min. bei einer Temperatur von 175°C im Ofen backen.

Den Blattspinat fein zerschneiden, in einer Kasserolle mit Butter andünsten und als Beilage servieren.

Zur Käsesauce: Butter schmelzen und das Mehl zugeben. Ca. 10 Min. lang unter ständigem Rühren langsam kochen lassen. Wenn die Sauce dickflüssig und glatt ist, geben Sie Salz und geriebenen Käse dazu. Aufkochen lassen und zusammen mit den Hechtfleischklößchen servieren.

Gebratene Hechtscheiben mit Kartoffeln und Senfsahnesauce

1 ausgenommener Hecht ohne Schuppen
150 ml Sahne pro Person
1 Teelöffel trockener Senf (mit etwas Zucker)
100 ml Weißwein
fein geschnittener Dill
fein geschnittener Schnittlauch
grobgemahlener schwarzer Pfeffer
Salz
Weizenmehl
Butter zum Braten
2 gepellte, feste Kartoffeln pro Person

Den Hecht in ca. 2 cm dicke Scheiben schneiden, Salz und Butter zugeben, mit Weizenmehl bestreuen. Die Hechtscheiben in Butter braten. Das überflüssige Fett aus der Pfanne gießen. Die Schlagsahne und den Weißwein eingießen und mit Senf würzen. Alles entweder auf dem Herd langsam kochen lassen oder in der Pfanne für 10-15 Min. bei 225°C im Ofen backen.

Die Kartoffeln kochen, in ca. 0,5 cm dicke Scheiben schneiden, in eine ofenfeste Form oder auf eine ofenfeste Unterlage legen. Die Fischstücke darüber legen.

Die auf der Pfanne übriggebliebene Sauce kochen, bis sie dick wird; reichlich Schnittlauch und Dill dazugeben. Die Sauce über den Fisch gießen.

ÜBERBACKENER HECHT AUF KARTOFFELBETT

Der Zander

Kurze Übersicht

Der Zander kommt in großen Teilen Europas außer in den Gebirgsregionen vor. Im Vergleich zu Barsch und Hecht ist er aber selten.

Der Zander lebt in trüben, verhältnismäßig nahrungsreichen Binnenseen und größeren, langsam fließenden Flüssen; seine Bestände können an bestimmte Orte gebunden sein oder er kann sich auch über größere Flächen verteilen. Der Zander ist an seinen großen Stoßzähnen und durch beinahe zusammengewachsene Rückflossen zu erkennen. Seine Körperfarbe kann unterschiedlich sein, normalerweise ist er aber grünbraun oder graubraun. Da er Ähnlichkeiten sowohl mit dem Barsch als auch mit dem Hecht hat, wird er auf Englisch manchmal *pike-perch* genannt.

Der Zander ist ein naher Verwandter vom Hecht und wird in der Regel 30-70 cm lang, registriert wurden jedoch schon Exemplare bis zu 130 cm. Maximal kann er fast 18 kg wiegen, im Durchschnitt wiegt er aber um 2 bis 3 kg.

Die Laichperiode liegt von März bis einschließlich Juni. Der Zander laicht in kleinen Vertiefungen auf steinigen Gründen. Die Eier gehen nach 5-10 Tagen auf und werden von Weibchen und Männchen gemeinsam bewacht. Die Jungfische ernähren sich von verschiedenen wirbellosen Kleintieren, die erwachsenen Exemplare jagen verschiedene Fischarten.

Weil der Zander sich beim Jagen auf seinen Geruchssinn verläßt, wird er oft in trüben, nahrungsreichen Binnengewässern mit allzu großen Kleinfischbeständen ausgesetzt. Leider muß dies in vielen Fällen öfter wiederholt werden, da der Sauerstoffgehalt zum Fortpflanzen meistens nicht hoch genug ist.

FAKTEN ÜBER DEN ZANDER: Der Zander gehört zur Barschfamilie und erreicht eine Länge von 30 bis 70 cm. Er hält sich oft in nahrungsreichen, trüben Seen auf, da er seine Beute beim Jagen nicht nur mit dem Sehvermögen, sondern auch nach Geruch lokalisiert. Der Sauerstoffgehalt in solchen Gewässern ist aber so niedrig, daß dies sich negativ auf das Fortpflanzungsvermögen des Zanders auswirkt und ein kontinuierliches Aussetzen junger Exemplare notwendig wird.

Der Zander als Sportfisch

Im Gegensatz zu vielen anderen Fischarten, die überwiegend mit ihrem Sehvermögen jagen, kann der Zander auch durch Hören und Riechen seine Beute verfolgen. Aus diesem Grund überlebt er sehr gut in trüben Gewässern.

Gerade aufgrund dieses besonderen Vermögens und weil der Zander ein langsamer Fisch ist, ist das Angeln mit natürlichem Köder recht effektiv. Diese Angelart hat ebenfalls viel Anhänger. Außer dem Angeln mit kleinen Fischködern sind das Spinnangeln und das Schleppangeln die populärsten Fangmethoden. Die verbreitetsten künstlichen Köder sind Wobbler und Jigger. Sie sollten mit starken Farben versehen und mit beweglichen Teilen ausgerüstet sein, die starke Schallwellen abgeben. Zur Tageszeit fängt man den Zander in tiefen Gewässern, knapp über dem Seegrund und in langsamer Fahrt. Unter diesen Bedingungen haben Sie vielleicht eine Chance, einen Zander zum Zuschlagen zu veranlassen.

Die beste Zeit zum Angeln sind aber die Sommernächte, wenn die Zander in höhere Wasserschichten an die Oberfläche steigen, um auf die Jagd zu gehen. Eine andere Regel lautet: je dunkler, desto besser! Die Ursache dafür ist, daß die Augen des Zanders sehr lichtempfindlich sind, weshalb er sich in der hellen Tageszeit nicht an die Oberfläche wagt.

Eine andere effektive Methode ist das Schleppangeln in den mittleren Wasserschichten, wo die Zander während der Sommerzeit periodisch auf Schwärme von Kleinfischen, u.a. kleinen Lachsen und Barschen, zuschlagen. Es ist ratsam, dabei vor allem mittelgroße Wobbler mit kräftiger Rotation zu verwenden.

Der Zander hat harte Kieferknochen, und deswegen kann es schwer sein, ihn auf den Haken zu bekommen. Sehr wichtig ist es, beim Ziehen mit der Angelschnur ordentlichen Ruck zu geben und scharfe Haken zu verwenden.

Der Zander nach dem Fang

Der Zander ist mager und hält sich deshalb besser als fettere Fischarten, das betrifft sowohl die Zeit direkt nach dem Fang als auch später im gefrorenen Zustand. Von vielen wird er als sehr schmackhafter Fisch angesehen, besonders wenn er während des Herbstes und im Winter gefangen wird. Das weiße Zanderfleisch ist relativ empfindlich; es lohnt sich jedoch auf jeden Fall, daraus ein Gericht zuzubereiten. Ratsam ist es auch, dem Gericht durch verschiedene Gewürze mehr Akzente zu geben.

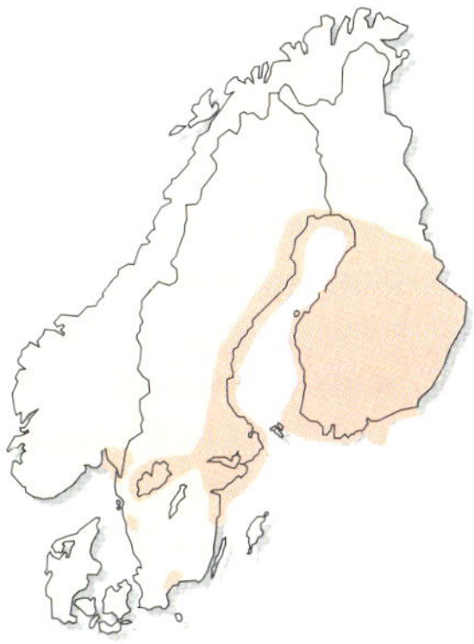

ZANDER

LATEINISCH	Stizostedion lucioperca
ENGLISCH	Zander, pike-perch
FRANZÖSISCH	Sandre
SCHWEDISCH	Gös
NORWEGISCH	Gjörs
DÄNISCH	Sandart
FINNISCH	Kuha

Rezepte für Zander

Zander in Eiersauce ist ein richtiger Klassiker und ein Höhepunkt der Hausmannskost. Es gibt natürlich auch eine Reihe anderer Rezepte, die den Zander voll zur Geltung kommen lassen. Der milde Geschmack dieses Fisches erlaubt sehr verschiedene Beilagen. Auch der Wein dazu sollte den Geschmack des Zanders nicht übertreffen; am besten paßt dazu ein weißer Bordeaux.

Gerösteter Zander mit Sahnesteinpilzen

500-600 g Zanderfilets ohne Schuppen, mit/ohne Haut
300 g frische Steinpilze
1 feingeschnittene Zwiebel
300 ml saure Sahne oder Crème fraîche
frisch gemahlener schwarzer Pfeffer
einige Rosmarinzweige (bzw. eine Prise getrockneter Rosmarin)
Salz
Butter
einige Eßlöffel Weißwein

Als Beilage: gekochte Kartoffeln

Die Pilze putzen und klein (etwa fingerkuppengroß) würfeln. Die Zwiebel in Butter andünsten, die Steinpilzwürfel dazugeben und ein paar Minuten braten. Crème fraîche oder saure Sahne hinzufügen, 3-4 Min. sieden lassen. Mit Salz und Pfeffer abschmecken; einige Rosmarinzweige verleihen der Mischung mehr Aroma.

Eine Bratpfanne aufwärmen, sie soll richtig heiß werden. Etwas Salz einstreuen und die Filets hineinlegen. Falls sie ungehäutet sind, die Seite mit der Haut nach oben legen! Nach ca. einer halben Minute eventuell umdrehen.

Die Fischfilets auf ein eingefettetes Blech legen. Auf die Filets eine kleine Portion Butter geben und sie mit dem Weißwein übergießen. Im Ofen bei 200°C ungefähr 10 Min. backen.

Als Beilage werden Sahnesteinpilze und gekochte Kartoffeln serviert. Darüber etwas frischen, fein gehackten Rosmarin streuen.

Zander in Eiersauce

500-600 g Zander in Scheiben (ohne Schuppen) oder als Filets (ohne Haut)
2-3 Lorbeerblätter
4-5 Körner weißer Pfeffer
grobes Meersalz
Petersilie
1 Zweig Thymian
1 kleines Stück Porreestange
1-2 Mohrrüben

Als Beilage: Kartoffeln

Eiersauce:
3 hartgekochte Eier
400 ml Milch
ca. 50 g Weizenmehl
ca. 60 g Butter
10 Zweige Petersilie

Das Gemüse und die Gewürze im Wasser eine Weile kochen lassen. Den Topf vom Herd nehmen und die Fischstücke bzw. die Filets in dicken Scheiben in den Sud legen. Lassen Sie sie in der warmen Bouillon ca. 10-20 Min. liegen – je nachdem, wie dick sie sind. Den Fisch herausnehmen und mit Kartoffeln, Eiersauce und eventuell mit geschmolzener Butter servieren.

Die Eisauce wird folgendermaßen zubereitet: Etwas Butter in einer Kasserolle schmelzen lassen. Mehl dazugeben, eine Weile unter ständigem Rühren schwitzen lassen, die heiße Milch in kleineren Portionen hinzugeben und dabei mit dem Schneebesen ständig schlagen. 10-15 Min. kochen lassen, die feingehackten Eier und die feingehackte Petersilie hinzufügen.

Überbackener Zander mit Kräutern und geriebenem Brot

500-600 g Zanderfilets (ohne Haut)
Petersilie, Basilikum, Thymian, Rosmarin
150 g Butter

GEKOCHTER ZANDER IN EIERSAUCE

200 g geriebenes Brot
200 ml Weißwein
frisch gemahlener schwarzer Pfeffer, Salz

Als Beilage: gekochte Kartoffeln, Petersilienbutter

Eine Portion Butter salzen, pfeffern und damit die Filets bestreichen. In der Küchenmaschine das geriebene Brot und die feingehackten Kräuter gut mischen (fügen Sie die Kräuter nach Ihrem Geschmack hinzu).

Die Filets mit dem geriebenen Brot bestreuen und in eine feuerfeste Form legen, mit dem Weißwein begießen, bei 180°C für ca. 10-15 Min. im Ofen backen.

Die Brühe in eine Kasserolle abgießen, aufkochen und mit dem Rest der Butter schlagen. (Man kann etwas Zucker und ein wenig französischen Senf zugeben.) Servieren können Sie den Fisch z.B. mit gekochten Kartoffeln, in Petersilienbutter gewälzt.

Die Quappe

Kurze Übersicht

Die Quappe gehört zur Familie der Dorsche und ist die einzige Dorschart, die im Süßwasser lebt. Sie hat einen relativ breiten Kopf mit einem Bartfaden am Unterkiefer und einen langgezogenen, schmalen, bräunlichen und schwarzgefleckten Körper mit zwei Rückenflossen: einer kurzen und einer bedeutend längeren. Die Quappe wird 30-50 cm lang, kann aber eine Länge von einem Meter und ein Höchstgewicht von 10 kg erreichen.

Die Quappe kommt hauptsächlich in Binnenseen vor, sie kann aber auch in einigen fließenden Gewässern vorkommen. Ihr Ansiedlungsgebiet umfaßt so gut wie ganz Europa. Die Quappe kommt auch in den Küstengebieten der Ostsee vor. Sie fühlt sich vor allem in kalten, tiefen Binnenseen wohl.

Weil dieser Fisch nahe des Seegrunds lebt, finden seine Laichspiele ebenfalls in beträchtlichen Tiefen – bis zu 50 m – auf steinigen, lehmigen oder Kiesgründen und im Winter statt, besonders in der Zeit zwischen Dezember und März. In der Regel dauert es dann 40 bis 50 Tage, ehe der Fischlaich aufgeht; geschlechtsreif wird eine Quappe erst nach zwei bis vier Jahren.

Die Quappe ernährt sich hauptsächlich von Insektenlarven, Krebsen, Schnecken und Fisch, zu ihrer Ernährung gehört aber auch der Rogen anderer Fischarten. Sie jagt meistens in der Dunkelheit und besonders gern im Winter.

FAKTEN ÜBER DIE QUAPPE: Die Quappe ist die einzige Dorschart, die im Süßwasser lebt. Geangelt wird sie vor allem im Winter, weil sie dann am leichtesten zu fangen ist und am besten schmeckt. Normalerweise benutzt man dazu eine Angel mit totem Fisch als Köder.

Die Quappe als Sportfisch

Die Quappe liebt kalte Gewässer und bevorzugt weiche und am besten lehmige Seeböden. Sie ist in der Nachtzeit aktiv, d.h. sie begibt sich nach dem Einbruch der Dunkelheit auf die Jagd. Normalerweise ist die Angelsaison für die Quappe im Spätherbst, Winter und Frühling - und das aus zweierlei Gründen: erstens ist die Quappe in diesen Perioden beweglicher und hält sich in flachen Gewässern auf, was den Kontakt mit dem Angler erleichtert, und zweitens schmeckt ihr Fleisch in diesen Zeiten ganz einfach am besten. Natürlich ist es möglich, die Quappe zu anderen Zeiten zu fangen, in diesem Fall muß man sie jedoch in den tiefsten Teilen des Sees auflauern.

Im Winter angelt man die Quappe auf dem Eis oder auf offenem Wasser aus dem Boot. Als Köder benutzt man tote Fische wie z.B. Ukelei und Strömling, ganz oder in Stücke geschnitten. Der Haken mit dem Köder und einem großen Blinker wird bis zum Grund hinuntergelassen, wonach dieser Appetitanreger ruhig auf und ab bewegt wird. Beim Pilken an den Laich- oder Umzugsplätzen der Quappe kann man zunächst häufig spüren, daß die Quappe schon da ist und den Köder leicht anbeißt, um zum Schluß richtig in den Haken zu beißen.

Eine bekannte, obwohl vielleicht nicht ganz sportliche Fangmethode ist das sogenannte Hämmern: Wenn das Neueis trägt und durchsichtig ist, kann man mit Hilfe eines schweren Holzhammers auf das Eis schlagen und dadurch die Quappen betäuben, die sich gerade unter dem Eis befinden. Diese schwimmen hoch, und es ist dann leicht, schnell ein kleines Loch ins Eis zu schlagen und sie herauszuholen.

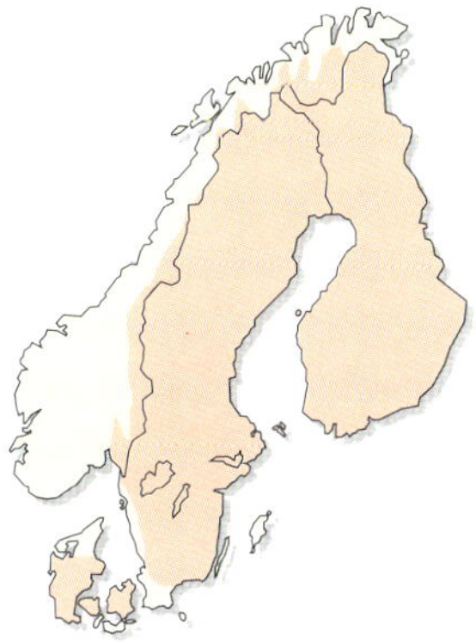

Die Quappe nach dem Fang

Die Quappe ist ein sehr schmackhafter Fisch mit weißem und festem Fleisch. Die Quappe in Sahne ist ein richtiger Klassiker, es gibt jedoch auch viele andere Zubereitungsmethoden. Die Quappenleber hat den Ruf, die Freude am Essen zur Obsession zu steigern! Man darf aber in diesem Fall nicht vergessen, daß das Verzehren von Fisch aus Binnenseen aufgrund der Umweltbelastung bereits mit gewissen Risiken verbunden ist und daher maßvoll bleiben sollte.

Die Quappe schmeckt am besten im Winter und dann gekocht. Eine gebratene Quappe kann ebenfalls gut schmecken, besonders, wenn sie zuerst mariniert wird. Den besten Geschmack haben Exemplare mit einem Gewicht von 1-3 Kilo.

QUAPPE

LATEINISCH	Lota lota
ENGLISCH	Burbot
FRANZÖSISCH	Lotte
SCHWEDISCH	Lake
NORWEGISCH	Lake
DÄNISCH	Knude
FINNISCH	Made

Rezepte für Quappe

Die Quappe hat ein festes und weißes Fleisch, zu dem so gut wie jede Beilage paßt. Am vorteilhaftesten schmeckt sie mit milden Beilagen . Dazu trinkt man einen verhältnismäßig trockenen weißen Bordeaux.

Feiner Pudding mit Quappe
(mindestens 6 Portionen)

250 g Reis
500 g Quappenfilet
1 kleine Porreestange
3 Eier
100 ml Sahne
100 ml gefrorene grüne Erbsen

Als Beilage: geschmolzene Butter, Kartoffeln, Tomatensalat

Den Reis fast weich kochen und abkühlen lassen. Alle Gräten aus den Fisch entfernen und die Filets in kleine Stücke schneiden. Die Porreestange in Scheiben schneiden und abbrühen. (Dies kann im voraus erledigt werden.)

Die Eier schlagen, die restlichen Zutaten dazumischen, alles in eine eingefettete und mit Semmelbrösel bestreute, längliche Form umgießen. Bei 175°C ca. 30 Min. durchbacken. Serviert wird dazu geschmolzene Butter und gekochte Kartoffeln; gut paßt auch gekochter Brokkoli oder ein Tomatensalat.

Gebackene Quappe auf Wurzelgemüse mit geschmolzenem Knoblauchkäse

ca. 150 g Quappenfilet pro Person
Semmelbrösel
Knoblauchkäse

Als Beilage:
ca. 250-300 g Kartoffeln, Selleriewurzel, Mohrrüben, Pastinake und Schwarzwurzel (jeweils pro Person); eine kleine Portion Butter zum Backen

2 Eßlöffel Weißweinessig
Salz, Pfeffer
Zitrone
Petersilie

Kartoffeln und Wurzelgemüse grob in ungefähr Streichholzgröße

GEBACKENE QUAPPE AUF WURZELGEMÜSE MIT GESCHMOLZENEM KNOBLAUCHKÄSE

schneiden. Butter auf die Pfanne tun und schmelzen lassen, bis sie anfängt, die Farbe zu verändern. Gemüse hinzugeben und kurz anbraten, so daß es nur seine Feuchtigkeit verliert. Ein wenig Weißweinessig, Salz und Pfeffer hinzugeben.

Den Fisch in Semmelbrösel panieren und auf einem nicht allzu warmen Herd braten. Den Knoblauchkäse auf den bereits erwärmten Fisch streuen und fertig braten.

Man legt zuerst das Wurzelgemüse auf den Teller und darauf den Fisch. Garnieren Sie mit Zitrone und Petersilie!

Die Äsche

Kurze Übersicht

Die Äsche hat wie alle anderen sogenannten Lachsfische eine Fettflosse. Die Körperform der Äsche erinnert etwas an die vom Felchen, das charakteristische Merkmal der Äsche ist jedoch gerade diese große, hohe, in der Mitte plazierte Rückenflosse.

Diese Fischart bevorzugt reine, kalt fließende Gewässer, sie lebt aber auch in einigen europäischen Binnenseen, vor allem in den Alpen und in Skandinavien. Je weiter man in den Norden fährt, desto häufiger kann man dort die Äsche antreffen. Auch im Schärengebiet des Bottnischen Meerbusens gibt es relativ große Bestände der sogenannten Küstenäsche, einer Äschenart, die im Brackwasser lebt und jagt.

Das höchste Gewicht beträgt für Äschen ca. 6 kg, ihre Länge liegt dabei um 60 cm; normalerweise wiegt sie jedoch um 500 g bis ein Kilo. Eine beim Wettfischen gefangene Äsche gilt als groß, wenn sie um ein Kilo wiegt, eine zwei bis drei Kilo schwere Äsche gilt bereits als sehr groß.

Die Äsche laicht im Frühjahr von Februar bis Juni, abhängig davon, wann das Eis aufgeht. Sie legt ihre Eier in Vertiefungen im Sand- oder Kiesgrund von fließenden, kalten und sauerstoffreichen Gewässern oder im Uferbereich mancher Seen mit durchströmendem Wasser in drei bis vier Meter Tiefe. Die Eier gehen nach 20 bis 30 Tagen auf; die kleinen Äschen bleiben entweder ein paar Monate in der Nähe ihrer Geburtsstätte oder ziehen mit den Strömungen in die Seen oder in das Brackwasser der Ostsee.

Obwohl es nicht ungewöhnlich ist, daß sich größere Äschen von Kleinfischen ernähren, besteht ihre Hauptnahrung aus wirbellosen Kleintieren des Seegrunds und insbesondere aus Insekten (Eintagsfliegen, Libellen usw.). Sie frißt ebenfalls Lachs- und Forellenrogen; es handelt sich in diesem Fall um Rogen, der von der Strömung angetrieben wird. Im Gegensatz zur lichtscheuen Forelle ist die Äsche am Tage am aktivsten.

FAKTEN ÜBER DIE ÄSCHE: Der lateinische Name für die Äsche, Thymallus thymallus, verdeutlicht, daß der Geruch dieser Fischart an Thymian (thymus) erinnert. Die Äsche kann man selten bei einem Händler kaufen, da sich die Fleischqualität schnell verschlechtert, wenn sie nicht durch Einfrieren oder Räuchern sofort konserviert wird. Sollten Sie doch einmal eine frische Äsche erstehen, steht Ihnen ein großartiges kulinarisches Erlebnis bevor!

Die Äsche als Sportfisch

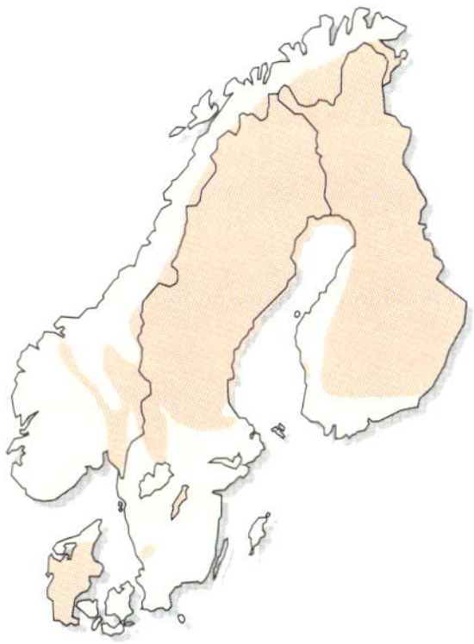

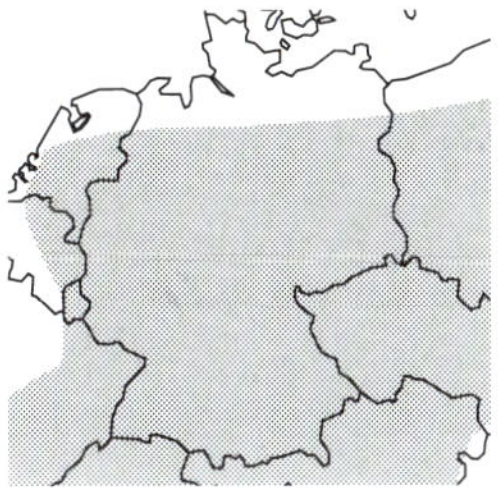

Die Äsche ist unter Angelsportlern sehr populär; weil sie sich hauptsächlich von Insekten ernährt, ist sie besonders bei Fluganglern beliebt. Wer mit einer Trockenfliege angelt, wird erleben können, wie sich die Äsche tote oder halbtote Insekten von der Wasseroberfläche wegschnappt - und dies geschieht in offenen Gewässern beinahe während des ganzen Jahres. Größere Äschen, die selbst kleine Fische fressen, können natürlich auch mit kleinen Spinnern oder mit Blinker gefangen werden. Haben die Äschen genug Nahrung, z.B. große Mengen von Insekten an der Wasseroberfläche, können sie recht wählerisch werden.

Im Gegensatz zur Forelle beispielsweise braucht die Äsche weder Stehplätze noch Schutz. Haben die Fische lediglich eine strömungsgeschützte Stelle und ein paar Meter Tiefe, fühlen sie sich schon wohl. Zur Freude der Angler halten sich außerdem vor allem jüngere Äschen manchmal in kleinen Schwärmen auf, was eine gute Beute auf verhältnismäßig kleiner Fläche ergeben kann.

Weil die Äsche gern in den tieferen, sauerstoffreicheren und damit mehr turbulenten Gewässern steht, ist sie in den Wasserwirbeln häufig schwer zu entdecken. Die Trockenfliege sollte außerdem gut imprägniert sein, um hoch schwimmen zu können und nicht von der Strömung in die Tiefe gerissen zu werden.

Die Äsche beißt natürlich auch auf Larven, Nymphen und Puppen an. Während der Perioden, wenn sie ihr Interesse für Trockenfliegen zeigt, können Nymphenköder (z.B. Gold Ribbed Hare's Ear) oder auch Naßfliegen (wie die Klassiker Red Tag und March Brown) recht erfolgreich sein.

Die Äsche nach dem Fang

Die Äsche bekam ihre lateinische Bezeichnung *Thymus* aufgrund ihres Geruchs, der an Thymian erinnert. Dieser Fisch sollte so bald wie möglich gegessen werden, da das Fleisch sehr schnell schlecht wird, wenn es nicht auf irgendeine Art konserviert wird, z.B. durch Einfrieren oder Räuchern. Gerade wegen dieser Eigenschaft, daß sie weder Aufbewahrung noch lange Transportwege verträgt, sieht man Äschen äußerst selten am Fischstand. Es kann u.U. sogar schwer sein, Kochrezepte für die Äsche in Kochbüchern zu finden. Die Äsche ist jedoch ein richtiger Leckerbissen - ob geräuchert, gekocht, gebraten oder in der Glut geröstet. Viele Forellenrezepte gelten auch für die Äsche; im allgemeinen läßt sich aber sagen, daß die wohlschmeckende Äsche relativ einfach zu einer Delikatesse verwandelt werden kann. Es gibt auch kaum einen anderen Fisch, der genauso geeignet ist, um am Wasser direkt nach dem Angeln zubereitet und verzehrt zu werden.

ÄSCHE

LATEINISCH	Thymallus thymallus
ENGLISCH	Grayling
FRANZÖSISCH	Ombre
SCHWEDISCH	Harr
NORWEGISCH	Harr
DÄNISCH	Stalling
FINNISCH	Harri, harjus

Rezepte für Äsche

Die Äsche hält sich nicht lange frisch; dies ist der Grund, warum sie so selten im Handel auftaucht. Falls Sie doch eine erstanden haben, werden Sie bestimmt mit einem kulinarischen Leckerbissen belohnt. Die Äsche hat bereits einen deutlichen Beigeschmack von Thymian, seien Sie deshalb vorsichtig mit dem Würzen. Will man sie nicht sofort essen, empfiehlt sich in diesem Fall das Marinieren.

Äsche mit Rührei

1 ganze Äsche (ca. 1, 5 kg)
1 Zwiebel
2 säuerliche Äpfel
2 Eßlöffel Butter
2 Teelöffel Salz

Rührei
4 Eier
8 Eßlöffel Sahne, Milch oder Wasser
Salz, Pfeffer
Butter

Die Äsche aufschneiden, säubern und gut ausspülen. Der Kopf muß nicht entfernt werden.

Die Bauchhöhle des Fisches mit der Zwiebel und mit den Äpfeln füllen, beides vorher fein hacken. Den Fisch in eine Folie legen, ein wenig Butter hinzufügen und reichlich mit Salz bestreuen. Auf die Glut legen oder bei 200°C in den Ofen setzen, Garzeit ca. 10 Min. für jede Seite.

Die Butter in einer Kasserolle schmelzen lassen. Die Eier schlagen, zur Butter hinzugeben, vorsichtig bei schwacher Wärme umrühren, bis die gewünschte Steife entsteht. Die Äsche zum Rührei legen.

Äsche auf Fischerart

1 ganze, sehr frische Äsche (ca. 1,5 kg)
1 1/2 Eßlöffel Salz pro Liter Wasser
Wasser

Weizengrießbrei:
Weizengrieß
dicke Sahne
Salz

Die Äsche ausnehmen und im Ganzen in leicht gesalzenem Wasser gar ziehen lassen. Der Thymiangeschmack der Äsche wird die einzige Würze sein. Der Fisch ist gar, wenn sich das Fleisch von den Knochen löst, das nimmt ungefähr 30-35 Min. in Anspruch.

Dazu serviert man einen Weizengrießbrei, der auch als Dessert gegessen werden kann. (In diesem Fall mit ein wenig Zimt und mit Zucker.) Unser Vorschlag ist ein ganz gewöhnlicher Weizengrießbrei, jedoch mit Sahne gekocht anstelle von Milch.

Äsche in Sahne

4 Äschefilets
1 rote Zwiebel
eine halber Teelöffel Salz
gemahlener weißer Pfeffer
100 ml Sahne pro Person
1 Eßlöffel französischer
Senf pro Person

Als Beilage:
ca. 1 kg frische Kartoffeln
Dill

Sahne, Senf und die gehackte rote Zwiebel mischen und alles zusammen einige Minuten kochen. Den filierten und gewürzten Fisch einlegen, ca. 10 Min. sieden lassen; diese Zeit kann länger oder kürzer ausfallen, je nach der Größe des Fisches. Als Beilage werden gekochte Kartoffeln mit Dill serviert.

Äsche auf Wacholder

4 Portionen Äsche
1-2 Teelöffel Salz
ein paar Wacholderzweige
mit reifen Beeren
feingehackte Zwiebel
2 säuerliche Äpfel
100 g Butter

Die Wacholderzweige mit den Beeren feinhacken, das Ganze mit feingehackter Zwiebel, mit Butter, Salz und einem kleingeschnittenen Apfel vermischen, damit die Äsche füllen.

Auf glühende Kohle legen, Garzeit ca. 5 Min. für jede Seite.

ÄSCHE AUF FISCHERART

Der Aal

Kurze Übersicht

Der Aal läßt sich durch seinen schlangenförmigen, grünbraunschwarzen Körper und der langen, zu einem durchgehenden Saum zusammengewachsenen Rücken- und Schwanzflosse leicht von den anderen Fischarten unterscheiden. Er lebt im gesamten Küstenbereich Europas sowie im Süßwasser, das mit den Meeren eine Verbindung hat. Der Aal ist ein Wanderfisch. Er erreicht normalerweise eine Länge von anderthalb Metern, er kann aber sogar bis zu zwei Meter lang werden und ein Gewicht von ca. vier Kilo erreichen.

Zur Laichzeit machen die geschlechtsreifen Aale eine Wanderung von ca. 6500 km zum Sargasssosee, wo sie ablaichen und brüten. Etwa drei Jahre lang werden dann die Jungaale an der Wasseroberfläche von Winden und Strömungen getrieben, bis diese sogenannten Glasaale die Küsten Europas erreichen und endlich im Brackwasser bleiben oder ins Süßwasser flußaufwärts ziehen. Während dieser Wanderung gibt es kein Hindernis, das der Aal nicht überwindet. Wenn es sein muß, kann er sich sogar einige Kilometer über das Land "aalen". Während seiner Lebenszeit im Süßwasser wird er als Freßaal bezeichnet. Falls er aus irgendeinem Grund nicht zurück ins Meer wandert, kann dieser Lebensabschnitt bis zu 50 Jahre andauern. Ein Aal kann sehr alt werden, es konnten schon Aale nachgewiesen werden, die ca. 90 Jahre alt waren.

In der Regel dauert es 10 bis 15 Jahre, bis die Freßaale geschlechtsreif werden und an ihre Brutplätze – alle Aale brüten im Sargassomeer – zum Laichen zurückkehren. Vor dem Laichen verwandeln sie sich in sogenannte Blankaale: Der Körper wird dunkler, der Bauch bekommt einen silbrigen Schein, die Augen werden größer und der Darm degeneriert. Insgesamt wissen wir jedoch recht wenig über die Aale und ihre Wanderungen, wie sie zum Sargassomeer gelangen und ob sie nach abgeschlossenem Ablaichen sterben.

Auch hinsichtlich seiner Ernährung ist der Aal eine Art Überlebenskünstler. Er frißt alles von Insekten, Schnecken, Muscheln, Würmern und Fischrogen bis zu Krebsen, Krabben und Kleinfischen.

FAKTEN ÜBER DEN AAL: Der Aal lebt im gesamten europäischen und nordafrikanischen Küstenbereich. Zur Laichzeit ziehen jedoch die Aale aus der ganzen Welt in die Sargassosee. Von da aus wandern die Aallarven ins Süßwasser, wo innerhalb von drei Jahren die endgültige Verwandlung der Larven in richtige Aale stattfindet.

Der Aal als Sportfisch

Es gibt wahrscheinlich keinen anderen Fisch, der ebenso wie der Aal von mystischer Aura und unglaublichen Geschichten umgeben wird. Vielleicht hängt das teilweise mit der Fähigkeit des Aals zusammen, sich in der Nacht übers Land ziehen zu können (und dabei durch den Mund zu atmen) sowie mit einigen Verhaltensmustern, die den übrigen Fischarten gar nicht eigen sind.

Der Aal ist in der Regel in der Nacht aktiv, daher fängt man ihn zur Nachtzeit. Immer mehr Angler entdecken aber, daß es gut möglich ist, ihn auch an Tag zu angeln, in diesem Fall hauptsächlich im Brackwasser der Küstengebiete.

Obwohl die beste Fangzeit für Aale während des Sommers anfällt, ist es möglich, sie zwischen Frühjahr und Herbst auf den Haken zu bekommen. Im Winter bezieht der Aal sein Winterquartier, indem er sich in Grundschlamm eingräbt

Beim Angeln kommt nur das Angeln mit Ruten in Frage; sporadische Erfolge mit andren Methoden sind ehe sehr zufälliger Art. Der beste Köder auf der Angel sind Regen- und Laubwürmer (für Spitzkopfaale) sowie Kleinfische in Stücken oder ganz, z.B. Ukelei (für Breitkopfaale).

Der Aal lebt auf dem Grund, und dort sollte man ihn auch angeln. Die meisten Aalangler entscheiden sich für eine Gleitpose, die bewirkt, daß der Fisch beim Zuschnappen des Köders keinen Widerstand spürt und deswegen keinen Verdacht schöpft. Gewöhnlich bringt man das Bleigewicht direkt an der Schnur an; bei schlammigem Grund kann es notwendig werden, das Gewicht an einem Vorfach zu befestigen, damit die Gleitpose einwandfrei funktioniert. Weil der Aal ziemlich gefräßig ist, kann man manchmal sogar mit Paternoster-Vorfach angeln.

Im Frühjahr sollte man in flachem Wasser angeln, weil es dort zu dieser Zeit am wärmsten ist und für den Aal viel Nahrung gibt. Im Spätfrühling und im Frühherbst steht der Aal gern in relativ tiefem Wasser an Fluß- und Bachmündungen; während des Sommers hält er sich häufig über steinigem Grund an Landzungen auf.

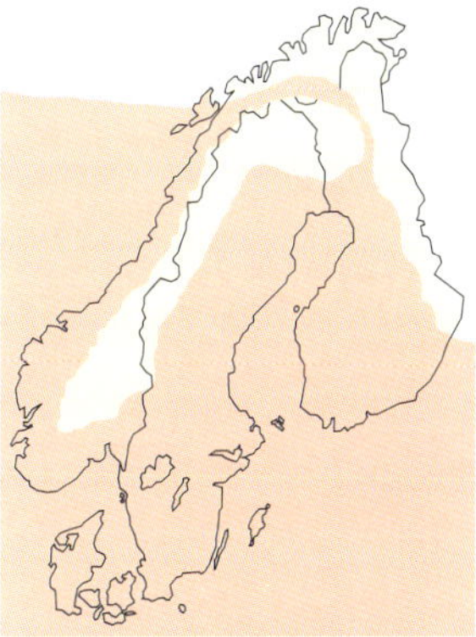

Der Aal nach dem Fang

Keinem Aalfischer ist wohl entgangen, daß dieser Fisch sehr glatt und äußerst zäh ist (sogar gehäutet kann er gewisse Lebenszeichen von sich geben; diese sind jedoch lediglich Reflexe). Der Schleim des Aals riecht sehr unangenehm, wenn er z.B. im Kescher liegt und trocknet. Deswegen empfiehlt es sich, den Aal aus dem Wasser direkt in einen Eimer oder Fischkasten zu legen. Wenn man den Fisch dann greifen muß, sollte man entweder die nasse Hand zunächst in den Sand stecken oder auch den Aal mit einem Stück Papier oder einem Lumpen packen.

Normalerweise wird der Aal sofort nach dem Fangen gehäutet. Zubereiten kann man ihn auf verschiedene Art, z.B. eignet er sich gut zum Grillen, Braten, Kochen im Topf oder im Ofen, und natürlich zum Räuchern. Geräucherter Aal ist die klassischste und vielleicht wohlschmeckendste Art, ihn zu genießen. Sein Fleisch ist sehr fett, hat eine verhältnismäßig begrenzte Haltbarkeit und darf nur in Maßen verzehrt werden.

AAL

LATEINISCH	Anguilla anguilla
ENGLISCH	Eel
FRANZÖSISCH	Anguille
SCHWEDISCH	Ål
NORWEGISCH	Ål
DÄNISCH	Ål
FINNISCH	Ankerias

Rezepte für Aal

Das Aalblut ist giftig; das Gift löst sich aber bei der Zubereitung auf. Aal hat in vielen Ländern einen hohen gastronomischen Wert und wurde schon seit dem Beginn der Eisenzeit zum Ernähren verwendet: Aalreste wurden mehrfach in Ausgrabungen aus jener Zeit gefunden. Heute essen ihn wohl die meisten geräuchert, es kann sich aber lohnen, etwas anderes auszuprobieren. Wegen seines hohen Fettgehalts sollte er in Maßen auf den Tisch kommen.

Scharfer Aaltopf

1 kg frischer, gehäuteter Aal
1 kleine Porreestange
1 rote und 1 grüne Paprika
2 Knoblauchzehen
Tabascosauce nach Belieben
2 Eßlöffel Speisefett
100 ml Weißwein
200 ml Sahne
100 ml Crème fraîche
gehackte Petersilie

Als Beilage: Brot

Den Aal abspülen und in 3 cm lange Stücke schneiden. Porree, Paprika und Knoblauch fein hacken, alles im Fett mit etwas Tabasco in einer tiefen Bratpfanne andünsten. Den Aal hineinlegen, Wein und Sahne zugeben. Lassen Sie alles bei mäßiger Wärme 10 bis 12 Min. kochen! Danach in eine gefettete, feuerfeste Form legen, ein wenig Crème fraîche hinzugeben, einige Minuten bei 250°C gratinieren, bis alles etwas Farbe bekommt. Mit Petersilie überstreuen und danach zu frischem Brot heiß servieren.

Aal mit Pilzsauce

1 ganzer Aal (ca. 1 kg)
1 rote Zwiebel
2 Mohrrüben
ca. 500 g gehackte Pfifferlinge oder Champignons
1 Eßlöffel Weizenmehl
100 ml Rotwein
100 ml Wasser
Mango-Chutney (scharf)
schwarzer Pfeffer
Tabasco

Als Beilage: Pasta oder Kartoffelpüree

Den Aal in etwa 2 cm lange Stücke schneiden, zusammen mit der feingehackten Zwiebel, den Mohrrüben und Pfifferlingen (oder Champignons) kurz in einer tiefen Bratpfanne anbraten.

Mit Mehl überstreuen, Wasser und 100 ml Rotwein hinzugießen, so daß alles knapp bedeckt ist. Mit etwas Mango Chutney, schwarzem Pfeffer und Tabasco abschmecken.

Mit Pasta oder Kartoffelpüree als Beilage servieren.

Gekochter Aal mit Zitrone und Zitronenmelisse

1 Aal (ca. 1 kg)
1,5 Eßlöffel Salz per Liter Wasser
10 Körner weißer Pfeffer
Saft einer Zitrone
3 Eßlöffel Butter
2 Eßlöffel Mehl
Bouillon
Zitronenmelisse

Als Beilage: gekochte Kartoffeln

Den gehäuteten Aal schaben und spülen. Das Blut muß dabei vollständig ausgespült werden: Lassen Sie ihn daher in fließendem Wasser liegen.

Eine reichliche Portion Wasser mit Salz, weißem Pfeffer (in Körnern) und gepreßtem Zitronensaft zum Kochen bringen. Den Aal einlegen und etwa 15 Min. kochen lassen. Den Topf herunternehmen, ca. 300 ml Bouillon durchseihen.

Drei Eßlöffel Butter und zwei Eßlöffel Mehl zu einer dicken Masse vermengen. Mit der Bouillon zur gewünschten Konsistenz verdünnen. Feingehackte Zitronenmelisse hinzufügen.

Als Beilage werden gekochte Kartoffeln serviert.

GEKOCHTER AAL MIT ZITRONE UND ZITRONENMELISSE

Der Saibling

Kurze Übersicht

Der Saibling hat – wie auch alle anderen Fische aus der Lachsfamilie – die charakteristische Fettflosse auf dem Rücken. Sein Körper ist blaugraufarben auf dem Rücken und silberweiß oder orangefarben auf der Bauchseite. Über den ganzen Körper hat er helle Flecken, an denen man ihn leicht erkennt. Sein Bauch und die Flossen bekommen vor und während der Laichzeit eine rötliche Färbung.

Um sich wohl zu fühlen, braucht der Saibling klare, tiefe und kalte Gewässer. Hauptsächlich unterscheidet man zwei Arten von Saibling: Zur ersten gehört der große Saibling, der an seinen Standort in größeren Binnenseen gebunden ist. Solche Seen liegen in den hochgelegenen Regionen Skandinaviens und in den Alpen. Zur zweiten Art gehört der Saibling, der im Salzwasser des Eismeeres seine Nahrung jagt, zum Laichen aber in das Süßwasser der Flüsse hoch wandert. Neben diesen zwei Arten wird manchmal der sogenannte Zwergsaibling erwähnt, der vor allem in den Binnenseen angesiedelt ist; die Biologen haben sich jedoch bisher nicht einigen können, ob dies eine selbständige Art ist.

Mit einigen Ausnahmen wächst der Saibling selten zu seiner vollen Größe. Das hat damit zu tun, daß er in nahrungsarmen Gewässern lebt und dadurch sein Wachstum verlangsamt wird. Eine Ausnahme bilden hier die wandernde Salzwasserart und die Saiblingbestände in manchen skandinavischen Seen: Diese Saiblingart ernährt sich von anderen Fischen und wächst daher schneller; er kann ein Höchstgewicht von knapp 10 kg erreichen.

Im Herbst laicht der Saibling in flachen Gewässern (Seen und Stromgewässern) mit Stein- oder Kiesgrund. Die Jungen schlüpfen im Spätwinter oder zu Beginn des Frühlings aus; danach ziehen sie in die vielen Seen oder ins Meer. Es ist gut zu wissen, daß der Saibling – im Gegensatz zu den übrigen Lachsfischsorten – kein fließendes Wasser zum Laichen braucht.

Was seine Nahrung betrifft, besteht diese aus wirbellosen Kleintieren, besonders Plankton, Krebsen, Insekten, Larven und kleinen Fischen. Der im Gebirgswasser lebende Saibling frißt kaum Fisch, während der Saibling der großen Binnenseen sich in erster Linie von anderen Fischen ernährt, u.a. von der Ukelei und dem Stint. Diese Nahrung hat für sein Wachstum eine große Bedeutung.

SAIBLING

LATEINISCH	Salvelinus alpinus
ENGLISCH	Arctic char
FRANZÖSISCH	Ombre chevalier
SCHWEDISCH	Röding
NORWEGISCH	Røye
DÄNISCH	Fjældørred
FINNISCH	Nieriä

FAKTEN ÜBER DEN SAIBLING: Der Saibling bevorzugt tiefe, reine und kalte Gewässer. Es gibt zwei Saiblingarten: eine ständig im Süßwasser lebende und eine, die aus dem Eismeer in die Flüsse wandert, um dort zu laichen. Zum Laichen braucht der Saibling keine fließenden Gewässer.

Der Saibling als Sportfisch

Der Saibling steht häufig recht tief im Wasser, besonder im Sommer, und es kann manchmal schwer sein, ihn an die Angel zu bekommen. In flacheren Gewässern macht das Flugangeln sicherlich viel Spaß und es kann sich manchmal auch lohnen. Das Spinnangeln bringt aber oft das den besten Fang ein.

Auf tiefen Seen sollte man vom Boot aus angeln. Traditionell angelt man aber vom dahingleitenden Ruderboot aus mit einer Blinkerleine: In diesem Fall handelt es sich um eine Reihenanordnung von Lockblinkern mit einem Köderhaken am Ende (mit einem Wurm oder mit einer Fliege als Köder).

Während der letzten Zeit hat sich das Tiefschleppangeln als Angelmethode durchgesetzt, vor allem in tiefen Seen mit Beständen von großen Saiblingen, z.B. in dem schwedischen See Vättern in Schweden. Bei dieser Angelart handelt es sich um eine ganze Vorrichtung: Mit Hilfe schwerer Bleigewichte wird eine Konstruktion mit einem Auslöser in die Tiefe niedergelassen; wenn der Fisch anbeißt, wird die an den Auslöser gekuppelte Angelschnur mit dem Fang befreit, und sie kann eingezogen werden. Das Besondere dabei ist, daß man mit einer verhältnismäßig leichten Ausrüstung einen in großer Tiefe gefangenen Fisch drillen kann. Früher war man gezwungen, den Köder oder die Angelschnur zu beschweren, um die gewünschte Tiefe erreichen zu können, was allerdings das ganze Angelerlebnis trüben konnte, weil man nicht nur mit dem Fisch, sondern auch mit den Gewichten zu kämpfen hatte.

Im skandinavischen Norden gehört auch das Eispilken zu einem populären Vergnügen. Im Frühjahr, kurz vor dem Aufbrechen des Eises, sind die Fische sehr aktiv und betreiben eine intensive Jagd unter dem Eis. Zum Verhängnis werden dabei für viele Saiblinge große, farbenstarke Saiblingblinker mit einem Wurm oder einer Garnele am Haken, Fliegen sind ebenfalls gute Köder. Liegt man beim Angeln auf dem Eis und schaut ins Eisloch, kann man die Fische aus der Nähe sehen und auch gut verfolgen, wie sie anbeißen.

Was die Saiblinge betrifft, die zwischen Süß- und Salzwasser wandern, fängt man sie am besten im Sommer in den Flüssen. Das Flugangeln bereitet dabei am meisten Spaß und gibt einen guten Fang; aber auch das Spinnangeln mit Blinker, Spinner und Wobbler ist gut geeignet.

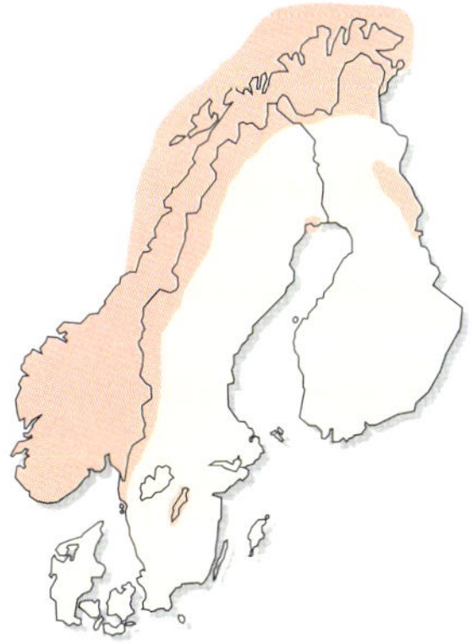

Der Saibling nach dem Fang

Das Fleisch eines Saiblings, das aufgrund seiner Ernährung eine rötliche Färbung hat, ist sehr schmackhaft und erinnert dabei an die Forelle. Seine Qualität kann manchmal unterschiedlich ausfallen, je nachdem, wo der Fisch gefangen wurde. Saiblingkenner haben die Auffassung verbreitet, daß der Saibling wegen seines festen Fleisches am besten zum Kochen geeignet sei. Durch Braten, Garen oder Rösten auf der Glut erzielen Sie natürlich keine wesentlich schlechteren Ergebnisse. Außerdem kann ein Saibling mit guter Qualität auch gebeizt werden. Um mögliche Parasiten sicher zu beseitigen, sollte er allerdings mindestens für zwei Wochen tiefgefroren werden. Vergessen Sie auch nicht, daß, wie alle anderen Lachsfische auch, der Saibling sehr fett ist und daß die Portionen dementsprechend kleiner sein sollten als bei mageren Fischsorten.

Rezepte für Saibling

Der Saibling hat ein festes Fleisch, das sich gut zum Kochen eignet. Wie alle anderen Lachsfische läßt er sich ausgezeichnet beizen; da er aber auch sehr fett ist, eignet er sich ohne weiteres zum Grillen, z.B. auf der Glut. Zum gebeizten Saibling trinkt man einen Weißwein mit etwas blumigem, würzigem Geschmack, z.B. Oregon Pinot Gris.

Saibling mit Anchovis und Crème fraîche

1 Saibling (ca. 300 g pro Person oder 1-1,5 kg insgesamt)
2,5 l Wasser
1 l Rotweinessig
1 große Mohrrübe
1 große Zwiebel
3 Lorbeerblätter
Salz
ein paar Dillstiele

Sauce:
200 g Crème fraîche
3 Anchovisfilets
1 Bund Dill
Salz, Pfeffer

Als Beilage:
gekochte Kartoffeln und Anchovissauce bzw. Sauce hollandaise oder Dillmayonnaise

Den Fisch säubern. Reichlich Wasser aufkochen, mit Rotweinessig, Zwiebel, Lorbeerblatt, Mohrrübe, Dill und Salz abschmecken. Etwa 15 Min. kochen lassen. Den Fisch einlegen und pochieren, bis die Rückenflosse anfängt, sich zu lösen (nach etwa 12 Min., abhängig von der Größe des Fisches).

Die Anchovisfilets kleinhacken und mit den restlichen Zutaten zur Sauce mengen. Lassen Sie sie mindestens eine Stunde kühl stehen, bevor Sie alles servieren.

Den Saibling mit gekochten Kartoffeln und Anchovissauce - als Alternative mit Sauce Hollandaise oder mit Dillmayonnaise - als Beilage servieren.

Gegrilltes Saiblingfilet mit Fischrogen und Crème fraîche

Saiblingfilet (ca. 150 g per Person)
Crème fraîche
1 Eßlöffel Fischrogen
rote Zwiebel
frischer Dill
Salz, Pfeffer

Als Beilage:
gepreßte Kartoffeln, Dill, Zitrone

Crème fraîche, Rogen, feingehackte Zwiebel und Dill, Salz und Pfeffer vermengen.

Die Filets in einer Grill- oder Bratpfanne kurz grillen, am besten mit Olivenöl. Mit Salz und Pfeffer abschmecken.

Serviert wird mit gepreßten Kartoffeln, Dill und Zitrone.

Saibling im Ofen

1 ganzer, gesäuberter kleiner Saibling pro Person
feingeschnittene Pfifferlinge
feingehackte Porreestange
1 Bund feingehackter Dill
100 ml Weißwein
100 ml Sahne
Butter und Semmelbrösel

Den Saibling auf eine ofenfeste Form legen (ordentlich eingefettet und mit Semmelbrösel bestreut) legen. Bei 225°C etwa 5 Min. in den Ofen stehen stellen.

Den Saibling herausnehmen, die feingehackten Zutaten hinzugeben. Für weitere 5 Min. in den Ofen setzen. Mit etwas Weißwein und Sahne übergießen.

Noch einmal für 5 Min. in den Ofen setzen.

GEGRILLTES SAIBLINGFILET

Die Makrele

Kurze Übersicht

Eine Makrele kann man leicht an ihrer spulenförmigen, beinahe torpedoähnlichen Körperform, am graublauen Rücken mit schwarzen Streifen und an der schmalen, tief eingeschnittenen Schwanzflosse erkennen. Ihre Bauchseite schimmert silbrig.

Die Makrele kommt in den Sommermonaten an den Küstengebieten von Nordsee, Skagerrak, Kattegat, an der Atlantikküste und manchmal auch im südlichen Teil der Ostsee vor. Zur Winterzeit steigt die Makrele mehrere hundert Meter in die Tiefe, u.a. im Skagerrak.

Die Makrele, die warme Gewässer liebt, wird nicht besonders groß – ungefähr 60 cm, ihr Gewicht liegt bei maximal 3 kg. Das Normalgewicht ist um 500 g bis 1 kg. Sie wird in ihrem dritten Lebensjahr geschlechtsreif. Die Makrelenschwärme laichen in Küstengewässern von Mai bis Juli. Die Eier liegen dann frei und brüten etwa eine Woche lang im Wasser. Die Larven werden nach und nach von Wasser und Wind weitergetrieben, bis sie ca. 6 cm lang und dann aktiv werden.

Nachdem die Makrelen abgelaicht haben, halten sie sich noch eine Weile an ihren Laichplätzen auf, um sich vollzufressen. Sie jagen hauptsächlich während der Sommerzeit und ernähren sich vor allem vom Plankton, das die Makrele durch die Kiemen einsaugt, von neugeborenen Garnelen, Sprotten, Hering und Dorsch. Die Nahrung wird unzerkleinert heruntergeschluckt, weil die Zähne einer Makrele nicht sehr gut entwickelt sind.

Makrelen unternehmen manchmal lange Wanderungen, meistens im Zusammenhang mit den Laichzeiten und bei der Jagd nach der Nahrung, was Kraft und Zähigkeit voraussetzt. Die Makrele besitzt keine Schwimmblase und kann sich daher problemlos in verschiedenen Wassertiefen bewegen, ohne zu riskieren, die Taucherkrankheit zu bekommen. Sie kann schnell in die Tiefe tauchen, um z.B. einem feindlichen Angriff zu entkommen und genauso schnell wieder hochsteigen, um an der Wasseroberfläche nach Nahrung zu suchen. Sie muß sich aus demselben Grund auch ständig in Bewegung halten, um nicht zu versinken oder zu ersticken: Neben der Schwimmblase fehlt ihr auch eine Pumpvorrichtung in den Kiemen, die die meisten anderen Fische besitzen.

FAKTEN ÜBER DIE MAKRELE: Die Makrele ist insofern ein besonderer Fisch, weil sie keine Schwimmblase besitzt und sich daher zwischen verschiedenen Wasserschichten bewegen kann, ohne ein Risiko für Taucherkrankheitserscheinungen einzugehen. Sie muß die ganze Zeit in Bewegung sein, so daß das Wasser ständig durch die Mundöffnung und weiter durch die Kiemen zirkuliert, wodurch sie die notwendige Menge von Sauerstoff aus dem Wasser gewinnt. Die meisten Fischarten haben an dieser Stelle ein Art Pumpe, die für die Wasserzirkulation sorgt.

Makrele als Sportfisch

Nach dem Laichen ist die Makrele beinahe ständig auf der Jagd nach Nahrung und es ist daher nicht schwer, sie zu fangen - vorausgesetzt natürlich, daß man auf einen Schwarm stößt. Es ist vielleicht gerade die Kombination von Gefräßigkeit und dem Faktum, daß die Makrele für ihre Größe unerhört stark ist, die sie so populär macht.

Das Sportangeln beginnt im Mai, wenn die Makrele in flachere Gewässer zieht, um dort zu laichen, und dauert bis Ende September an. Die Frühjahrsmakrele ist verhältnismäßig klein, die Herbstmakrele ist größer.

Normalerweise benutzt man zum Angeln eine Vorrichtung mit einem Pilker oder einem Bleigewicht am Ende und 6-8 Fliegen oder Haken an der Schnur, was man auch als Paternoster-Vorfach bezeichnet. Im Herbst lassen sich die Makrelen mit Garnelen oder Heringstücken als Köder auf dem Haken fangen.

Häufig ist eine Ansammlung von Möwen ein sicheres Anzeichen für die Anwesenheit eines Makrelenschwarms: Die Möwen werfen sich aus der Luft auf die Wasseroberfläche, um die Heringe zu greifen, die von den Makrelen von unten aufgescheucht werden. Begibt sich der Angler schnell genug an eine solche Stelle und wirft seine Angel aus, kann er bald eine ganze Leine voll gieriger Makrelen auf die Haken bekommen.

Der Schwarm kann aber genauso schnell verschwinden, wie er aufgetaucht ist. Eine gute Hilfe leistet in diesem Fall ein Echolot. Insgesamt ist das Angeln vom Boot eine wichtige Voraussetzung für einen guten Fang, auch wenn es nicht ganz unmöglich ist, mit etwas Glück eine Makrele vom Land aus zu fangen.

Und schließlich sollte man nicht vergessen, daß es richtig schade wäre, die Makrele mit grober Ausrüstung zu angeln. Mit einer leichten Angelausrüstung gibt man ihr bedeutend bessere Chancen, Kraft und Schnelligkeit unter Beweis zu stellen.

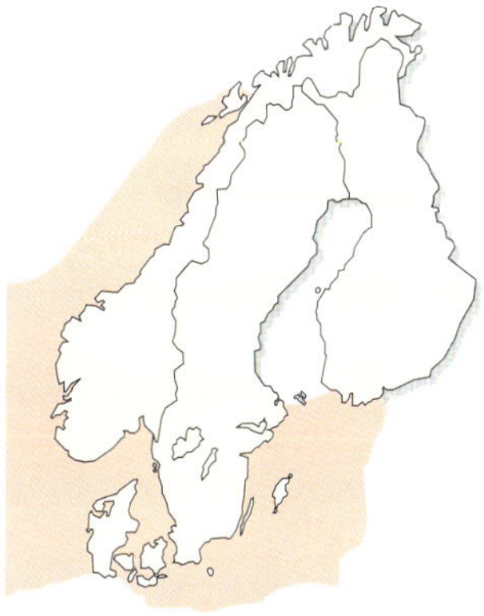

MAKRELE

LATEINISCH	Scomber scombrus
ENGLISCH	Mackerel
FRANZÖSISCH	Maquereau
SCHWEDISCH	Makrill
NORWEGISCH	Makrell
DÄNISCH	Makrel
FINNISCH	Makrilli

Die Makrele nach dem Fang

Diese Fischart ist als Speisefisch sehr populär - ihr wohlschmeckendes, dunkles aber auch schweres Fleisch ist sehr gut sowohl zum Zubereiten auf dem Herd oder im Ofen als auch zum Räuchern, Grillen und Konservieren geeignet. Wegen ihres fetten und empfindlichen Fleisches sollte man eine frische Makrele schnell zubereiten, damit sie nicht schlecht wird. Sie muß immer kühl aufbewahrt werden, und falls sie eingefroren werden soll, sollten Sie daran denken, daß die Makrele sich nicht über mehrere Monate im Tiefkühlfach hält, ohne ranzig zu werden.

In der Regel brät man die Makrele, besonders die kleinere Frühlingsmakrele. Zu einer Mittagsdelikatesse wird sie auch durch Rösten oder Kochen. Vergessen Sie nicht, etwas Dill hinzuzufügen. Das erhöht den Geschmack ungemein!

Rezepte für Makrele

Die Makrele hat ein verhältnismäßig fettes Fleisch, das mit Sorgfalt behandelt werden muß. Fettes Fischfleisch wird auch schneller schlecht, sogar tiefgekühlt darf es nicht zu lange liegen. Richtig zubereitet ist die Makrele ein Delikatesse. Zu ihrem typischen Eigengeschmack passen kräftige Beilagen. Eine geräucherte Makrele und ein weißer Chardonnay ist eine gelungene Kombination, zum gebratenen oder gegrillten Fisch paßt z.B. ein Muscadet sehr gut.

Herbstmakrele mit Meerrettich, Äpfeln und Petersilienwurzel

(für 2 Personen)

1 Herbstmakrele (500-700 g)
eine halbe Zitronenscheibe
1-2 Speiseäpfel
1-2 Petersilienwurzeln
reichlich Petersilie, am besten breitblättrig
ein Stückchen Meerrettich
Butter
Salz, Pfeffer
Speiseöl

Als Beilage: Kartoffelpüree oder Brot

Die Makrele filieren (dabei die Haut nicht abziehen), mit der Hautseite nach oben in etwas Wasser mit Salz und Zitrone in eine tiefe Bratpfanne legen. Die Flüssigkeit sollte gerade den Boden der Pfanne bedecken. Den Fisch bei schwacher Wärme und unter dem Deckel kochen lassen, bis die Flüssigkeit so gut wie verdunstet ist.

Die Petersilienwurzel schaben, die Äpfel schälen und die Kerne entfernen.

Die Petersilie grob hacken, die Blätter können ruhig etwas vom Stiel behalten.

Die Petersilienwurzel der Länge nach aufschneiden, dann in ca. 1-2 cm dicke Scheiben schneiden. Die Äpfel werden in ungefähr gleich große Stücke geschnitten und in etwas Butter angedünstet. Die Petersilienwurzeln in eine tiefe Pfanne zusammen mit Salz und ganz wenig Wasser legen und zugedeckt weich kochen. Die Äpfel zugeben und alles noch ein paar Minuten kochen lassen, bis die Flüssigkeit fast verdunstet ist.

Mit Salz, Pfeffer und Meerrettich abschmecken.

Auf die Petersilie etwas Speiseöl gießen und mit vorsichtiger Handbewegung den grobgeriebenen Meerrettich und Salz beimischen.

Die Äpfel und Petersilienwurzeln zusammen mit Petersilie in eine warme Schale legen und neben den gekochten Makrelenfilets servieren.

Als Beilage paßt gut z.B. Kartoffelpüree oder frisches Brot.

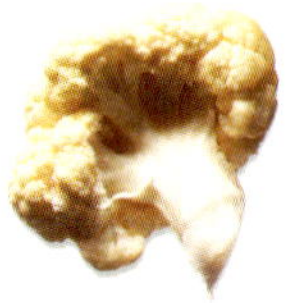

Makrele mit marinierten Perlzwiebeln

2 Makrelen
2 Eßlöffel Speiseöl zum Braten
30-40 Perlzwiebeln
4 Eßlöffel grobgehackter Estragon
4 Eßlöffel gute Olivenöl
4-6 Eßlöffel Balsamessig
Salz und frischgemahlener Pfeffer

Als Beilage: Kartoffeln und gekochter Blumenkohl

Die Makrelen säubern und filieren; die Haut nicht abziehen.

Estragon kleinhacken, mit Speiseöl und Essig vermengen, die Mischung mit Salz, Pfeffer und Estragon würzen.

Die Perlzwiebeln abziehen und in gesalzenem Wasser kochen. Herausnehmen und gut abtropfen lassen. Die Marinade aufwärmen. (Sie kann bereits vorher hergestellt werden.)

Die Makrele nur an der Hautseite braten, bis sie fast gar ist. Auf einen aufgewärmten Teller oder eine Servierschüssel mit der Hautseite nach oben legen. Mit Salz abschmecken.

Die warmen Perlzwiebeln und etwas Marinade auf den Teller legen oder auf einer Schüssel schön verteilen. Mit gekochten Kartoffeln und Blumenkohl oder anderem Gemüse als Beilage servieren.

MAKRELE MIT MARINIERTEN PERLZWIEBELN

S 381

Die Scholle

Kurze Übersicht

Die Scholle kommt im allgemeinen an allen europäischen Küstengebieten vor. Sie kann drei bis vier Kilo wiegen, normalerweise aber bedeutend weniger – ein Exemplar von 2 kg gilt schon als groß.

Typisch für diese Fischart sind die mehr oder weniger zahlreichen roten oder rotbraunen Flecke auf ihrer braungrünen Oberseite. Die Unterseite – die sogenannte Blindseite – ist weiß oder bläulich weiß. Die Scholle lebt in Gewässern mit lehmigem oder sandigem Grund in normalerweise 50 m Tiefe und bewegt sich an den Küsten entlang. Sie bleibt mehr oder weniger an ein und denselben Ort gebunden, im Herbst oder Frühling kann sie sich aber auf der Suche nach Nahrung in flachere Gewässer begeben. Eine vielleicht nicht unwichtige Besonderheit für den Angler ist die, daß die Scholle – wie alle anderen Plattfische – keine Schwimmblase hat.

Die Laichzeit der Scholle erstreckt sich von November bis Juni, und das Laichen findet in einer Tiefe von 20-40 m statt. Die ideale Wassertemperatur zum Laichen beträgt im Süßwasser 6°C und mindestens 10°C im Salzwasser. Die ausgebrüteten Larven sind etwa 6 mm lang und leben in tiefen Gewässern, wo sie sich von Plankton ernähren. Bereits nach wenigen Monaten ihres Lebens beginnt eine umfassende Verwandlung: Das linke Auge versetzt sich mehr und mehr nach rechts, und die Scholle fängt an, mit der linken Seite nach unten zu schwimmen. Noch einige Monate später zieht sie auf den Meeresgrund und hat dann das für die Plattfische so charakteristische Aussehen.

FAKTEN ÜBER DIE SCHOLLE: Die Scholle ist ein ganz besonderer Fisch, und das nicht nur durch ihr spezielles Aussehen. Sie ist nämlich eine der wenigen Fischarten, die nicht sofort nach dem Fang behandelt werden muß. Vor allem das Braten wird wesentlich leichter, wenn sie einen ganzen Tag oder sogar vierundzwanzig Stunden vor dem Zubereiten auf Eis gelegen hat.

Die Scholle als Sportfisch

Die Scholle ist kein typischer Schwarmfisch, gelingt es aber dem Angler, den passenden Meeresboden zu finden - sandig oder lehmig -, kann er mehrere Schollen auf einer relativ kleinen Fläche fangen. In der Regel bekommt man jedoch nur eine oder ein paar Schollen an derselben Stelle. Nächtliches Angeln ergibt schon einen besseren Fang, weil die Scholle meistens (in den Gegenden, wo die Gezeiten ihre Nahrungssuche nicht stören) in der Nacht aktiv ist. Es kann auch vorkommen, daß sich die Schollen in kleineren Schwärmen hin und her bewegen.

Dieser Plattfisch, der sich hauptsächlich auf dem Meeresgrund aufhält und sich dort von Garnelen, Salzwasserwürmern und Kleinfischen ernährt, liegt häufig ganz oder teilweise in den Sand eingegraben und wartet dort auf seine Beute. Manchmal schwimmt er dennoch auf seiner Jagd nach Nahrung gemächlich dicht über dem Meeresgrund. Die Scholle ist nicht nur ein Meister der Tarnung, größere Exemplare sind ausgeprägte Raubfische, die vor allem von Kleinfischen leben.

Das Grundangeln mit lebendem (Sandpier oder Köderwurm) oder totem Köder (kleine Fischstücke) gilt daher bei Sportanglern als die klassische Fangmethode für diesen Fisch, normalerweise angelt man mit Paternoster-Vorfach oder Gleitpose mit einer dünnen Angelschnur, leichten Bleigewichten und relativ kleinen Haken. Die Köder liegen entweder still auf dem Grund oder werden beim Einrollen langsam und mit langen Pausen hochgekurbelt.

Die Scholle nach dem Fang

Die Scholle ist ein sehr guter Speisefisch, der besonders gebraten als Favorit vieler Freunde der Gastronomie gilt. Aus diesem Grund ist die Scholle auch ein sehr wichtiger Faktor für die Berufsfischerei.

Im Gegensatz zu den meisten anderen Fischarten tut es der Scholle gut, wenn sie vor dem Zubereiten eine Weile liegen bleibt. Besonders wenn sie zum Braten bestimmt ist, kann es angebracht sein, sie einfach einen Tag auf Eis liegen zu lassen, damit sich ihr Körper später beim Braten nicht nach oben biegt.

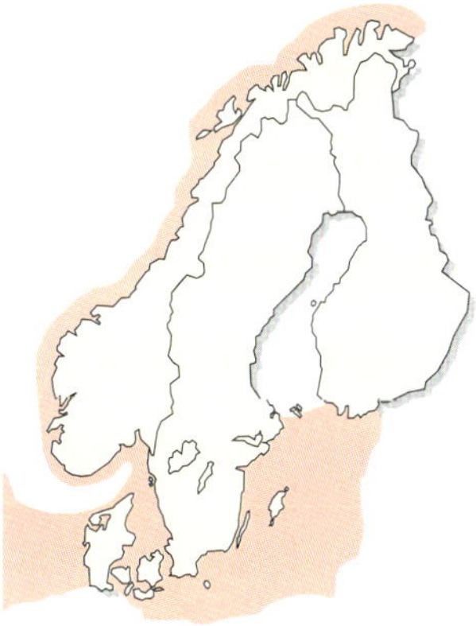

SCHOLLE

LATEINISCH	Pleuronectes platessa
ENGLISCH	Plaice
FRANZÖSISCH	Carrelet
SCHWEDISCH	Rödspätta
NORWEGISCH	Gullflyndre
DÄNISCH	Rødspotte
FINNISCH	Punakampela

Rezepte für Scholle

Das klassische Schollengericht ist gebratene Scholle mit Butter und Zitrone. Dazu paßt ausgezeichnet ein trockener Bordeaux mit mildem Geschmack, der mit dem etwas zurückhaltenden Geschmack der Scholle nicht konkurriert.

Schollenfilet in Mangold

2 Schollen von jeweils 750 g
8 Mangoldblätter
1 Zitrone
2 Schalotten
2 Knoblauchzehen
250 ml Schlagsahne
1 Eßlöffel grobkörniger Senf
25 g Butter
Olivenöl
Salz, Pfeffer

Die Schollen filieren, die dünne Seite doppelt falten, damit das Filet überall ungefähr gleich dick wird. Mit Salz und Pfeffer würzen, mit Zitronenschale, Schalotte und Knoblauch - beide feingehackt - überstreuen.

Mangoldstiele abschneiden und abspülen. Die Blätter kurz in das kochende Wasser tauchen, dann auf einem Stück Haushaltspapier ausbreiten.

Stiele in Stücke schneiden und im Olivenöl sautieren, bis sie weich werden. Sahne zugeben und zusammen zu einer dicken Masse aufkochen lassen; mit Salz, Pfeffer und Zitrone abschmecken. Abkühlen lassen und damit die Schollenfilets bestreichen; die Filets anschließend voll mit Mangoldblättern bedecken.

Die Packung auf eine feuerfeste Platte legen, mit Butter bepinseln.

Mit Folie abdecken und ca. 25 Min. bei 175°C im Ofen backen.

Beilage: Gemischter Salat.

Scholle in Sahne und Wein gekocht

1 Scholle (1-1,3 kg)
1 Teelöffel Salz
1 Porrestange
3 Mohrrüben
1 kleine Blattsellerie
200 ml Weißwein
100 ml Sahne
Pfeffer
Basilikum

Als Beilage: gepreßte Kartoffeln

Eine gesäuberte, gehäutete und gesalzene Scholle auf ein Bett aus Porree und in schmale Stücke geschnittenen Mohrrüben und Sellerie in ein kleines Backblech legen.

Weißwein zugeben (der Fisch muß richtig im Wein liegen, jedoch nicht zu viel Wein verwenden), das Backblech mit Folie abdecken und den Inhalt bei 175°C ungefähr 5 Min. im Ofen pochieren. Die Folie abnehmen, ca. 100 ml Sahne hinzufügen. Ohne Abdeckung bis zur gewünschten Konsistenz weiter kochen lassen. Mit Salz, Pfeffer und etwas Basilikum abschmecken.

Serviert wird mit gepreßten Kartoffeln.

Scholle gebraten

1-1,5 kg Scholle
2 Teelöffel Salz
gemahlener weißer Pfeffer
2 Eßlöffel Butter
3 Eßlöffel Semmelbrösel
2 Zwiebeln
4 Eßlöffel Kapern
4 eingelegte rote Bete
1 Zitrone
Petersilie

Als Beilage: Kartoffeln.

SCHOLLE GEBRATEN

Den Kopf des Fisches entfernen, den Rest ordentlich säubern. Ziehen Sie die Haut nicht ab, schneiden Sie aber ein Kreuz in die Haut am dickeren Teil der Scholle ein, damit die Bratzeit für alle Teile gleich lang wird.

Den Fisch in Semmelbrösel wälzen, salzen und pfeffern. In Butter ca. 30 Min. bei 175°C im Ofen braten, legen Sie die weiße Seite nach oben.

Wenn der Fisch fast gar ist, zunächst die feingehackte Zwiebel und dann nach fünf Minuten auch die Kapern und rote Bete hinzugeben. Die Scholle anrichten, die Zwiebel- und Kapernmischung hinzugeben. Mit Zitrone und Petersilie garnieren; geröstete oder gekochte Kartoffeln als Beilage zugeben.

Als alternative Zutaten kann man sich auch z.B. Speckstreifen und feingehackte, eingelegte Gurke denken, die den säuerlichen Geschmack verstärkt, der in diesem Gericht besonders hervorgehoben wird.

Der Köhler

Kurze Übersicht

Der Köhler hat einen spulenförmigen, muskulösen Körper, er ist grauschwarz bis beinahe olivgrün auf dem Rücken und silberglänzend an den Seiten und am Bauch. Der Unterkiefer des Köhlers ist gut entwickelt. Im Gegensatz zum Schellfisch, bei dem der dunkle Seitenstrich über der Brustflosse nach oben ausweicht, ist der Seitenstrich beim Köhler hell und gerade.

Der Köhler ist ein typischer Salzwasserfisch, der an der gesamten Atlantikküste Skandinaviens vorkommt, aber auch an den Nordseeküsten und im Skagerrak und Kattegat südwärts bis zum Öresund. In Einzelfällen kann man ihn sogar in der Ostsee antreffen. Der Köhler kann ein Höchstgewicht von über 20 kg und eine Länge von beinahe 1,5 m erreichen.

Er laicht zwischen Februar und April und legt seinen Rogen in einer Tiefe von einigen hundert Metern im Atlantik, in der Nordsee und im Skagerrak ab. Der Salzgehalt des Wassers muß aber mindestens 3,5% und die Wassertemperatur ca. 6-7°C betragen. Die Eier und später die Jungfische werden dann in den oberen Wasserschichten in Küstenrichtung getrieben. Zwei bis drei Jahre lang leben dann die Köhlerschwärme in flachen Gewässern.

Ihre Hauptnahrung besteht aus Leuchtkrebsen, Flohkrebsen, Heringen, Sprotten und Kleindorschen. Kannibalismus kommt ebenfalls vor.

Der Köhler ist ein typischer Schwarmfisch, der an Steilküsten, über steinigem Grund sowohl in der Tiefe von 5-50 m als auch an der Wasseroberfläche seine Beute jagt. Er kann sich ziemlich problemlos in verschiedenen Wassertiefen bewegen und auf der Jagd nach Nahrung recht große Entfernungen zurücklegen, z.B. wenn er einen Heringsschwarm verfolgt. Der Köhler ist also ein ausgesprochen zäher und schneller Schwimmer.

FAKTEN ÜBER DEN KÖHLER: In Schweden wird der Köhler im Handel geräuchert gelegentlich als "Seelachs" angeboten. Er ist jedoch nicht im geringsten mit den Lachsfischen verwandt. Der Köhler hat ein mageres Fleisch, das so gut wie für alle Dorschrezepte verwendet werden kann.

Der Köhler als Sportfisch

Auf dem Angelhaken ist der Köhler ein herrlicher Kämpfer; ein großes Exemplar kann während seines langen, heftigen Kampfes die Rolle zum "Glühen" bringen und die Rute bis zum Wasser beugen. Leider halten sich richtig große Exemplare nur in der Tiefe auf, so daß man sie mit der Sportausrüstung nur selten erreicht.

Der Köhler ist schwer vom Land aus zu fangen und muß deswegen vom Boot geangelt werden. In die norwegischen Fjorde kann jedoch der Köhler recht weit vordringen, und dort - wie auch in einigen fließenden Salzgewässern - sind sogar größere Fische vom Land aus zu fangen. Beim Angeln auf See sollte man ein Paternoster-Vorfach benutzen, das aus einem silbernen Pilker von mehreren hundert Gramm (abhängig von der Tiefe und der Art der Strömungen) und 3-6 Aufhängern in starken Farben besteht. Das Ganze wird unter dem Boot in verschiedene Tiefen hinuntergelassen, bis der Köhler anbeißt und der Angler herausbekommt, in welcher Tiefe sich der Schwarm gerade befindet - zumeist irgendwo zwischen der Oberfläche und dem Grund. Auch beim Angeln von Köhlern kann man sich dabei von der Anwesenheit der Möwen leiten lassen, weil der Köhler seine Beute zur Oberfläche treibt, wo sie auch von den Möwen gefangen wird.

Da die Köhlerschwärme fast immer in Bewegung sind, ist es schwer auszurechnen, wo man gerade angeln soll. Das betrifft insbesondere den Großköhler. Neben den Möwen ist das Echolot auch hier ein gutes Hilfsmittel, noch wichtiger für einen Erfolg ist jedoch das aktive Angeln mit ständigem Ortswechsel. In der Regel bekommt man den Köhler als Nebenfang bei Dorsch- und Makrelenangeln auf den Haken.

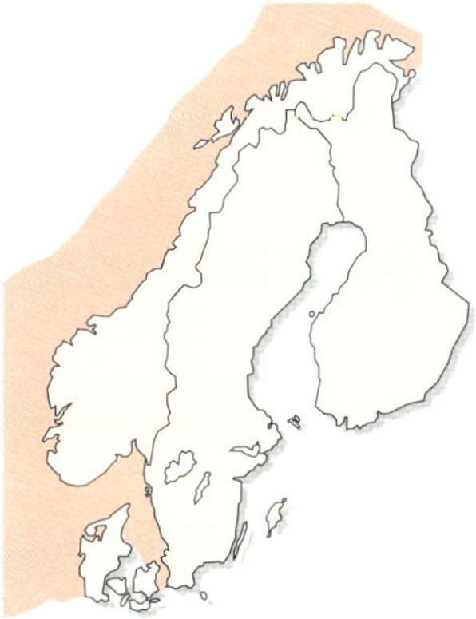

KÖHLER

LATEINISCH	Pollachius virens
ENGLISCH	Saithe
FRANZÖSISCH	Merlan jaune
SCHWEDISCH	Gråsej
NORWEGISCH	Sei
DÄNISCH	Sej
FINNISCH	Seiti

Der Köhler nach dem Fang

Der kräftige Köhler hat außer in Norwegen als Speisefisch keine besondere Popularität erlangt, wo er in den Küstengebieten so etwas wie Stapelware ist. Sein Ruf ist in Schweden unverdient schlecht; mancherorts wird er auch als "Seelachs" verkauft. In den Tiefkühltruhen ist der norwegische Köhler jedoch ständig vorhanden. Der Köhler ist aber allen Gerüchten zum Trotz ein guter, aber leider viel zu unterschätzter Speisefisch, für den es genügend Rezepte gibt.

Wie allen anderen Fischsorten sollte auch der Köhler so bald wie möglich nach dem Fang ausgenommen werden. Vor allem an sonnigen Tagen kann das Fleisch schnell schlecht oder ganz unbrauchbar werden. Der Köhler hat mageres Fleisch, das im Tiefkühlfach bis zu einem Jahr gelagert werden kann, ohne daß es ranzig wird.

Rezepte für Köhler

Der Köhler kann in fast allen Fällen auf ähnliche Weise wie der Dorsch zubereitet werden. Viele betrachten ihn auch als einen besseren Speisefisch. Deswegen ist er vielleicht auch besondere Beilagen wert. Probieren Sie doch einmal den Köhler im Wok - eine etwas andere Art der Zubereitung, die leicht zu variieren ist, z.B. mit Blue-Oystersauce statt Sojasauce!

Köhler in Sesam paniert

ca. 750 g Köhler ohne Haut
Salz
weißer Pfeffer
5-6 Eßlöffel Sesamsamen
Speiseöl zum Braten

Als Beilage: Rübenpüree, Mohrrüben in Mehlschwitze oder gekochte Kartoffeln

Den Fisch in Portionen schneiden und mit Salz und Pfeffer einreiben. In Sesamsamen wälzen, die Samen dabei ordentlich in das Fischfleisch einklopfen. Den Fisch im Ofen goldbraun (in Speiseöl) braten, ca. 3 Min. auf jeder Seite.

Mit Rübenpüree oder mit Mohrrüben in Mehlschwitze und gekochten Kartoffeln servieren.

Köhler in Crème fraîche-Sauce

ca. 750 g Köhlerfilet ohne Haut
Salz
weißer Pfeffer
1 Eßlöffel Butter
2 Teelöffel frischer, gehackter Thymian
(oder 1 Teelöffel trockener Thymian)
250 ml leichte Crème fraîche
1-2 Eßlöffel geschnittener Schnittlauch

Als Beilage: Kartoffeln, Salat

Den Fisch in Portionen teilen, salzen und pfeffern.

Butter in einer Kasserolle schmelzen, den Fisch dazulegen, mit Thymian überstreuen und mit Crème fraîche bedecken. Bei geschlossenem Deckel und schwacher Wärme den Fisch etwa 10 Min. kochen, bis er gar ist. Mit Schnittlauch überstreuen.

Serviert wird zusammen mit Kartoffeln und Salat.

KÖHLER IM WOK

Den Fisch in der Küchenmaschine zerkleinern und zusammen mit Salz, Gewürzen und Kartoffelmehl vermischen. Mit Milch verdünnen, ein Ei einrühren.

Platte Frikadellen formen, 3-4 Min. in Butter auf jeder Seite braten.

Eine gewöhnliche weiße Sauce aus Butter, Weizenmehl und Milch zubereiten, mit Salz, Pfeffer und Zitronensaft abschmecken. Vor dem Servieren mit Petersilie und geriebener Zitronenschale vermischen.

Als Beilage passen gut Kartoffeln, geriebene Mohrrüben und die Petersiliensauce.

Fischfrikadellen mit Petersiliensauce

600 g Köhlerfilet ohne Haut
Salz
weißer Pfeffer
ein halber Teelöffel trockener Oregano
1,5 Eßlöffel Kartoffelmehl
250 ml Milch
1 Ei

Petersiliensauce:
1 Eßlöffel Butter
2 Eßlöffel Weizenmehl
300 ml Milch
Salz, Pfeffer
1 Eßlöffel frisch gepreßter Zitronensaft
2 Eßlöffel gehackte Petersilie
geriebene Zitronenschale

Als Beilage: Kartoffeln, roh geriebene Mohrrüben

Köhler im Wok

ca. 600 g Köhlerfilet ohne Haut
1 Zwiebel
2 Stiele Blattsellerie
1 rote Paprika
250 g Kürbisfleisch
1 gepreßte Knoblauchzehe
1 Teelöffel frischer, geriebener Ingwer
2 Eßlöffel Speiseöl
ein halber Teelöffel Salz
Pfeffer
1 Eßlöffel Sojasauce (hauptsächlich wegen der Farbe)
1 Eßlöffel Maizena
250 ml Fischbouillon (Wasser, Fischwürfel)

Als Beilage: Reis

Den Fisch in längliche Streifen schneiden. Die Zwiebel abziehen, den Sellerie mit der Zwiebel in dünne Streifen schneiden; Paprika und Kürbis würfeln.

Das Speiseöl im Wok oder in einer großen Bratpfanne heiß werden lassen und darin das Gemüse mit Knoblauch und Ingwer ca. 2-3 Min. andünsten. Ständig umrühren. Das Gemüse vorsichtig aus der Mitte des Woks an die Seiten schieben, den Fisch zugeben und im Speiseöl 2 Min. braten. Das Gemüse wieder in die Mitte legen, salzen und pfeffern.

Sojasauce, Maizena und Fischbouillon verrühren und in die Pfanne gießen, aufkochen lassen und bei mäßiger Wärme 2 Min. kochen lassen. Als Beilage wählen Sie am besten Reis!

Dorsch, Schellfisch und Wittling

Kurze Übersicht

Es gibt drei Dorscharten, die ihrem Aussehen und kulinarischem Wert nach einander ähnlich sind, nämlich Dorsch, Schellfisch und Wittling. Aus diesem Grund werden diese drei Arten gemeinsam beschrieben.

Dorsche haben einen sogenannten Zügel unter dem Unterkiefer und drei Rückenflossen, ihre Schwanzflosse ist hinten gerade geschnitten und der Seitenstreifen ist hell. Sie leben so gut wie überall in den Meeren - in tiefen und in flachen Gewässern, sowohl in kaltem Wasser mit hohem Salzgehalt als auch in warmem Wasser mit wenig Salz. Man kann also durchaus von verschiedenartigen Beständen sprechen, die unterschiedliche Ansprüche an die Umgebung stellen und großes Anpassungsvermögen besitzen. Sogar die Färbung ihrer Körper kann jeweils nach der Art des Meeresgrundes verschieden sein.

Grundsätzlich bevorzugen die Dorsche den Meeresgrund und halten sich am liebsten in 15-200 m Tiefe auf, wo sie sich von verschiedenen dort lebenden Kleintieren wie Krebse, Würmer, Muscheln, Weichtiere und von kleinen Fischen ernähren. Die kleinen Dorsche der Küstenregionen stehen zur Nahrungsaufnahme oft im Tang, während sich größere Dorsche mehr an flachen Stellen und steil abfallenden Felsen etwas weiter von der Küste entfernt aufhalten. Es gibt auch Bestände, die pelagisch, d.h. in offenem Wasser leben, wo sie Heringe, kleine Köhler und aalähnliche Fischchen jagen.

Der eigentliche **DORSCH** laicht in großen Schwärmen jedes Frühjahr in 10 - 100 m Tiefe; die Eier werden dann mit den Strömungen zur Küste getrieben. Zur Laichzeit und während der Nahrungssuche kann er Wanderungen von mehreren Dutzend Kilometern am Tag verkraften. Das ist eine erstaunliche Leistung, wenn man bedenkt, daß er den Ruf hat, ein richtiger Phlegmatiker zu sein.

Der **SCHELLFISCH** (*Melanogrammus aeglefinus*) ist dem Dorsch ähnlich, seine Färbung ist jedoch heller, und er hat einen schwarzen Fleck zwischen dem Seitenstrich und der Brustflosse. Diese Fischart ist relativ häufig über weichem Sand- und Lehmgrund in einer Tiefe von 20-30 m bis zu einigen hundert Metern im Kattegat, Skagerrak, im Atlantik sowie in der Nordsee anzutreffen. Der Schellfisch wird selten besonders groß: Ein Exemplar von 3 kg wird als guter Fang angesehen, in der Regel wiegt der Schellfisch aber bedeutend weniger. Eine Ausnahme bilden die nordnorwegischen Fjorde, wo es immer noch beträchtliche Bestände von besonders großen Schellfischen gibt. Der Schellfisch laicht im Frühjahr 50 bis 150 Meter tief in Gewässern mit hohem Salzgehalt. Er frißt verschiedene Würmer, Muscheln, Schnecken und kleine Krabben.

Der **WITTLING** (*Merlangius merlangus*) ist dem Dorsch ebenfalls ähnlich, er hat jedoch schwarze Flecken an der Basis der Brustflosse und eine insgesamt hellere Färbung. Er hält sich über Lehm- und Sandgrund in 20-30 m Tiefe auf. Sein Gewicht beträgt oft nur ein halbes Kilo, Exemplare von 1 kg kommen aber auch recht häufig vor. In Einzelfällen erreichen sie das Gewicht von 3 kg. Die Laichzeit hat der Wittling zwischen Januar und September in 20-100 m Tiefe. Die Hauptnahrung besteht aus kleinen Fischen, Würmern und Garnelen. Wie der Schellfisch lebt auch der Wittling zu Beginn seines Lebens pelagisch. Dann wird er allmählich von den Strömungen gegen die Küste getrieben, wo er bereits im Herbst auf den Grund zieht. Der Wittling kommt auch in der südlichen Ostsee vor.

FAKTEN ÜBER DORSCHE: Die dorschartigen Fische zählen zu den besten und vielleicht populärsten Speisefischsorten. Ihr Fleisch ist relativ weich und zart und muß daher nach dem Fang so bald wie möglich zubereitet oder eingefroren werden. Der Dorsch ist die größte Fischart der Dorschfamilie, ihm folgen der Schellfisch und der Wittling.

Der Dorsch als Sportfisch

Der Fang von Dorschfischen ist selten ein Problem. Dorsche können vom Land und vom Boot aus geangelt werden. Gewöhnlich verwendet man zum Fang Blinker oder Pilker oder auch Köderhaken. Der Dorsch hält sich das ganze Jahr über an den schwedischen Küsten auf. Dennoch bekommt der Angler die schwersten und größten Fische der Dorschfamilie im Winter an den Haken. Doch ist es auch im salzhaltigen Brackwasser fast überall möglich, Dorschfische zu fangen. Man kann sagen, daß die meisten Fische, die in diesen Gegenden geangelt werden, Dorschfische sind.

Im Herbst und Winter, wenn die schweren Fische aus der Tiefe zur Wasseroberfläche steigen, um sich mit Krabben und Kleinfischen zu versorgen, gelingt es dem Angler auch vom Land aus, sich einen guten Fang zu sichern. Bevorzugte Angelplätze sind dann vor allem die felsigen, hohen Küsten. Der Köder - ob Blinker, Pilker oder ein natürlicher Köder – sollte möglichst dicht über dem Grund schweben.

Beim Angeln auf offener See sind die Chancen, einen prächtigen Dorschfisch zu erbeuten, bedeutend größer. Ein Dorsch von 10 kg ist dabei keine Seltenheit; im Öresund und in Norwegen nördlich von Trondheim holen die Angler regelmäßig Winterdorsche von 20-30 kg aus der Tiefe.

Den **DORSCH** fängt man fast nur mit einem Paternoster-Vorfach, das mit kräftigen Bewegungen hoch und runter gerückt wird. Am Ende der Schnur muß ein schwerer Pilker oder ein Bleigewicht sitzen, darüber 3 bis 5 Aufhänger mit Leuchtwürmern, großer Fliege oder natürlichem Köder wie Sandpier oder mit Stücken von Hering oder Makrele.

Der **SCHELLFISCH** ist ein recht häufiger Nebenfang beim Angeln von Dorsch und Plattfisch an den Küsten oder auf offener See. Muscheln eignen sich hier als Köder besonders gut.

Auch der **WITTLING** stellt oft unter denselben Angelverhältnissen einen Nebenfang dar. Große Wittlinge brauchen verhältnismäßig große Köder. Bei zielgerichtetem Wittlingangeln verwendet man jedoch hauptsächlich Köder wie Sandpier, Muscheln, kleine Garnelen und Streifen von Hering oder Makrele. Die beste Zeit sind Sommer und Frühherbst.

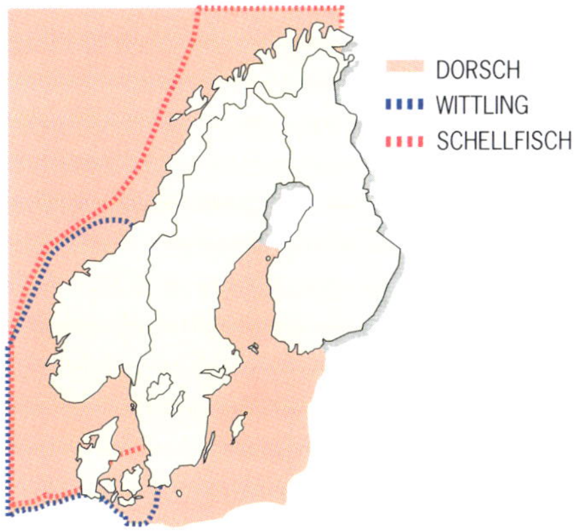

DORSCH

LATEINISCH	Gadus morhua
ENGLISCH	Cod
FRANZÖSISCH	Morue
SCHWEDISCH	Torsk
NORWEGISCH	Torsk
DÄNISCH	Torsk
FINNISCH	Turska

Nach dem Fang

Der Dorsch und seine Verwandtschaft gehören zu den verbreitetsten und populärsten Speisefischen. Eine alte Faustregel besagt, daß man den Dorsch nicht im Sommer essen soll. Ob dies wirklich zutrifft, sei dahingestellt. Doch glauben viele, daß der Dorsch am besten im Herbst und Winter schmeckt. Um den guten Geschmack des Dorsches zu bewahren, sollte er nach dem Fang sofort getötet und gesäubert und danach kühl aufbewahrt werden. Im Sommer empfiehlt sich eine Kühltasche zur Aufbewahrung des Fangs.

Das Fleisch der Dorschfische ist recht zart. Der kleinere Wittling und der Schellfisch eignen sich am besten für die Bratpfanne, wo sie sich zu einer richtigen Delikatesse verwandeln können. Größere Dorsche passen gut zum Kochen. Und nicht Vergessen: Sein Fleisch ist so empfindlich, daß er direkt nach dem Fang zubereitet oder eingefroren werden muß! Der Geschmack von Schellfisch und Wittling wird oft als der feinere, bessere angesehen, besonders wenn sie ganz frisch sind.

Rezepte für Dorsch, Schellfisch und Wittling

Der Dorsch ist der wichtigste Salzwasserfisch und so verbreitet, daß er den unverdienten Ruf genießt, einen recht gewöhnlichen Geschmack zu haben. Er bildet jedoch eine gute Grundlage für ein schmackhaftes Essen, und er entfaltet seinen Geschmack am besten, wenn man ihn auf einfache Weise und so frisch wie möglich zubereitet. Man schneidet ihn einfach in Scheiben und kocht ihn in leicht gesalzenem Wasser. Als Getränke eignen sich trockener Weißwein oder kühles Bier.

Dorsch, Schellfisch oder Wittling in Zitronen- und Kräutersauce

ca. 750 g Filet (ohne Haut)
300 ml Wasser
1 Fischbouillonwürfel
2 Eßlöffel frisch gepreßter Zitronensaft
1 Teelöffel Salz
2 Zweige Thymian
2 Zweige Estragon
2 Eigelb
100 ml Schlagsahne
2 Eßlöffel Thymian, Estragon und Petersilie (gehackt)

Als Beilage: gekochte Kartoffeln, Gemüse

Das Filet in mittelgroße Portionen schneiden. Das Wasser mit dem Bouillonwürfel, Zitronensaft, Salz, Thymian und Estragon aufkochen. Den Fisch hinzugeben und ca. 4 Min. sieden lassen, bis er gar ist, danach herausnehmen und warm halten (in Alufolie einwickeln).

Fischbouillon durchseihen und noch kurz aufkochen lassen. Das Eigelb und die Sahne schlagen und der Bouillon beimengen. Die entstandene Sauce aufwärmen, bis sie eine dicke Konsistenz erreicht hat, doch auf keinen Fall aufkochen lassen! Die gehackten Kräuter hinzugeben und mit Salz abschmecken.

Serviert wird mit Sauce, gekochten Kartoffeln und Gemüse.

Prinzendorsch

ca. 750 g Filet (ohne Haut)
1 Teelöffel Weißweinessig
1 Teelöffel Salz
500 ml Wasser

Sauce:
2 Eßlöffel Butter
2 Eigelb
300 ml Sahne
Salz
200 ml Fischbrühe
1 Eßlöffel Weizenmehl
2 Eßlöffel Sherry

Als Beilage: Hummer oder Krabben, Spargel, gekochte Kartoffeln

Das Filet portionsgerecht in Stücke schneiden. Wasser mit Salz und Essig aufkochen, den Fisch ca. 4 Min. pochieren, bis er fast gar ist. Die Fischbouillon durchseihen, den Fisch herausnehmen und warmhalten, z.B. im Ofen bei 75°C, in Alufolie eingewickelt, damit der Fisch nicht austrocknet.

Aus Butter und Mehl eine Sauce bereiten, mit Fischbrühe verdünnen; alles mindestens 5 Min. bei mäßiger Wärme kochen. Das Eigelb schlagen, den Sherry hinzugeben und die Mischung in die Sauce geben (darf nicht kochen!). Mit Salz abschmecken.

Den Fisch auf einem warmen Teller servieren, mit Hummer (oder Krabben) und Spargel. Etwas Sauce darüber gießen. Den Rest Sauce mit gekochten Kartoffel servieren.

Gefülltes Wittlingsfilet

8 Wittlingsfilets (ohne Haut)
2 Eßlöffel Dorschrogen
100 g gesäuberte, grobzerteilte Garnelen
2 Eßlöffel gehackter Dill
weißer Pfeffer
Saft einer Limone
200 ml Wasser
4-5 Eßlöffel Frischkäse
Salz, Pfeffer

Als Beilage: Kartoffeln, Salat

Rogen, Garnelen und Dill gleichmäßig auf den Filets verteilen und die Filets zusammenrollen, danach pfeffern.

Wasser und Limonensaft zum Kochen bringen, die Rouladen einlegen (mit der Naht nach unten) und ca. 5 Min. kochen, bis sie gar sind.

Den Fisch herausnehmen. Die Bouillon aufkochen, den Käse darin schlagen, mit Salz und Pfeffer abschmecken und alles über den Fisch gießen. Als Beilage passen dazu Kartoffeln und Salat.

DORSCH, SCHELLFISCH ODER WITTLING AUF PROVENZALISCHE ART

Dorsch, Schellfisch oder Wittling auf provenzalische Art

ca. 750 g Filet von Dorsch, Schellfisch oder Wittling (ohne Haut)
2 Eßlöffel frisch gepreßten Zitronensaft
2 Eßlöffel Olivenöl
1-2 gepreßte Knoblauchzehen
1 Teelöffel Salz
Zwiebeln
3 Tomaten (in Scheiben)
1 grüne Paprika (in schmalen, länglichen Stücken)
1 Eßlöffel gehackte Petersilie
200 g Champignons (in Scheiben)
200 ml Wasser
1 Fischbouillonwürfel

Als Beilage: Reis oder Kartoffeln; Salat

Den Fisch portionsgerecht zerteilen. Olivenöl, Zitronensaft, Salz und Knoblauch mischen. Den Fisch darin wenden, in eine feuerfeste Form legen, darüber gleichmäßig Zwiebeln, Tomatenscheiben, Petersilie, Paprika und Pilze verteilen. Den Bouillonwürfel in Wasser auflösen und darüber gießen. Einen Deckel auflegen (oder mit Alufolie abdecken), den Fisch ungefähr 20-25 Min. bei 175°C im Ofen backen. Mit Reis und Salat servieren.

BALL BEARING
0.40 110
0.35 135
0.30 175
0.28 250
0.22 370

Die Forelle

Kurze Übersicht

Die Forelle besitzt eine Fettflosse, eine gerade geschnittene Schwanzflosse und in der Regel eine sehr kompakte Körperform. An den Seiten ist sie mit einer Anzahl mehr oder weniger sichtbarer schwarzer oder roter Tupfen gesprenkelt, die im Unterschied zum Lachs bis nach unten zur Bauchseite reichen.

Die Forelle kommt ist in ganz Europa vor. Sie lebt in Binnenseen und anderen stillen Gewässern, in Flüssen, Bächen und in Küstenbereichen. Es gibt sowohl feste als auch mobile Bestände, wonach man auch drei Typen von Forellen unterscheidet: die Bachforelle, die ihr ganzes Leben im Süßwasser verbringt; die Seeforelle, die in Binnenseen lebt und zum Laichen die Flüsse aufwärts zieht; die Meerforelle lebt im Meer, wandert aber wie die Seeforelle zum Laichen in die Flüsse. Ähnlich wie der Lachs nimmt die Forelle während ihrer Laichzeit keine Nahrung zu sich.

Zur gleichen Familie kann auch die ursprünglich aus Nordamerika stammende Regenbogenforelle gerechnet werden. Sie wird seit etwa hundert Jahren in Skandinavien gezüchtet und in die Binnengewässer ausgesetzt. Die sogenannten Put-and-take-Gewässer verlangen allerdings kontinuierliches Aussetzen von Forellennachwuchs, weil die Regenbogenforelle dort keine Möglichkeiten zur Fortpflanzung hat. Es hat sich jedoch erwiesen, daß verwilderte kleinere Bestände in einer Reihe von Gewässern erfolgreich laichen konnten.

Was die Größe betrifft, so ist die Bachforelle bedeutend kleiner als ihre See- und Meerverwandtschaft, deren Exemplare manchmal 10 bis 15 kg wiegen können. Die Regenbogenforelle wiegt normalerweise um 0,5-2 kg, im verwilderten Zustand ist sogar ein Gewicht von 5 bis 10 kg möglich.

Die Forelle laicht im September bis Dezember in kalten, flachen und fließenden Gewässern über Stein-, Kies- oder Sandböden. Die Jungen schlüpfen im Frühjahr, und der Nachwuchs bleibt ein bis zwei Jahre ortsgebunden, ehe er in größere Gewässer, in Binnenseen oder ins Meer wandert.

Die Nahrung der Forelle besteht hauptsächlich aus Insekten (Flügelinsekten, Larven, Nymphen und Puppen) sowie aus kleinen Krebsen. Größere See- und Meerforellen wechseln später zur Fischdiät über, was auch ihr größeres Gewicht im Vergleich zu den Bachforellen erklärt.

Bachforellen haben eine bräunliche Färbung, die Meer- und Seeforellen sind silberfarben und werden deshalb oft mit Lachsen verwechselt.

FAKTEN ÜBER DIE FORELLE: Die Forelle ist eine der populärsten Fischsorten. Ihr Erkennungszeichen sind die Fettflosse, die gerade geschnittene Schwanzflosse und ihre recht glatte Form. Vom Rücken bis zur Bauchseite ist sie rot und schwarz gesprenkelt.

Die Forelle als Sportfisch

Daß die Forelle so populär ist, hängt von mehreren Faktoren ab: Sie ist weit verbreitet, kommt in verschiedenen Umgebungen vor, und sie ist ein prächtiger Fighter am Haken - vor allem was größere Exemplare betrifft. Sie läßt sich außerdem mit sämtlichen Angeltechniken fangen: Flug-, Spinn- und Schleppangeln, Pilken und mit der Angelrute.

Für Flugangler ist die Forelle vielleicht die interessanteste Fischart. Vom Frühjahr bis in den Spätherbst läßt sie sich mit Naßfliege, Nymphe, Trockenfliege und Streamer fangen. Die drei erstgenannten eignen sich am besten für kleinere Fische in fließenden Gewässern und kleineren Seen; der Streamer lockt größere, Fisch jagende See- und Meerforellen, an. Das Angeln mit der Trockenfliege scheint die spannendsten Angelerlebnisse zu bringen, weil man dabei richtig zusehen kann, wie sich die Forelle mehr oder weniger spektakulär den Köder schnappt.

Den Spinnanglern bietet die Forelle auch viele Möglichkeiten. Für kleinere Fische sind leichte Ausrüstung und kleine Spinner und Blinker ausreichend, während größere Fische größere Wobbler und Blinker verlangen, um sich fangen zu lassen. Auch ein Fliegenaufhänger, 30-50 cm über dem Blinker mit Köder oder Wobbler versehen, kann die Aufmerksamkeit einer Forelle wecken und sie zum Zuschlagen am Köder oder an der Fliege veranlassen.

Die Meerforelle, die zum Laichen die Flüsse hochsteigt, wird vor allem mit Fliege und Spinnausrüstung geangelt. Relativ kleine, dunkelfarbige Fliegen oder Blinker mit Haken, sind in der Regel ausreichend, um die nachtaktive Meerforelle zu überlisten. Diese müssen allerdings relativ dicht unter der Wasseroberfläche schwimmen, damit die Forelle sie nur als Silhouette am dunklen Nachthimmel sehen kann.

Während der letzten Zeit ist es üblich geworden, große Forellen im Schleppangeln zu fangen. Das Hinunterlassen des Köders von einem langsam dahingleitenden Boot gibt dem Angler die Möglichkeit, sowohl auf größeren Flächen als auch in verschiedenen Tiefen Fische zu fangen (siehe dazu auch das Kapitel "Der Saibling").

Das Angeln mit der Angelrute bleibt wohl die klassische Methode, vor allem wenn es sich um kleine Bäche und Flüsse handelt. Zum Verhängnis vieler Forellen wird eine Angelrute mit oder ohne Rolle (je nach der Größe der Fische) und mit einem schwimmenden oder auf dem Grund liegenden Vorfach mit einem Köderhaken und Würmern oder kleinen Larven. Die Forelle schluckt den Köder leider so tief, daß es oft schwer ist, die unerwünschten Exemplare ohne Schäden auszusetzen. Deswegen wird auch das Angeln mit der Angelrute häufig als nicht sehr sportlich angesehen.

Wenn die Gewässer zufrieren, ist natürlich auch das Pilken eine geeignete Methode, die Forelle zu fangen. Es ist sowohl mit horizontalem als auch mit vertikalem Pilker möglich, eventuell auch mit einem Köder, z.B. einem Wurm. Ein gewöhnlicher Pilker kann mit einem kurzen Vorfach versehen sein. Zunächst wird die Forelle vom Pilker angelockt, und dann schnappt sie sich hoffentlich den leckeren Köder!

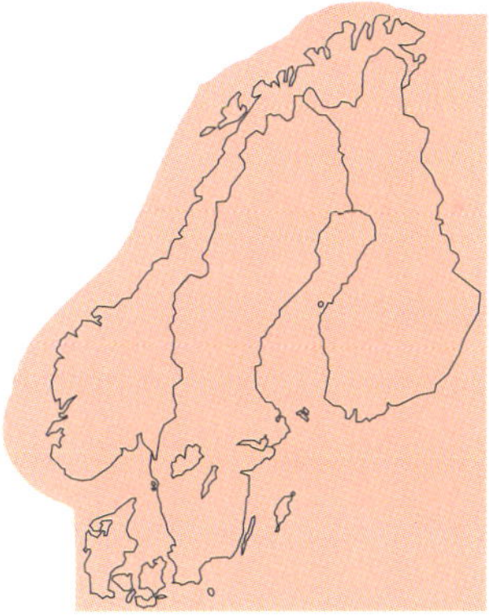

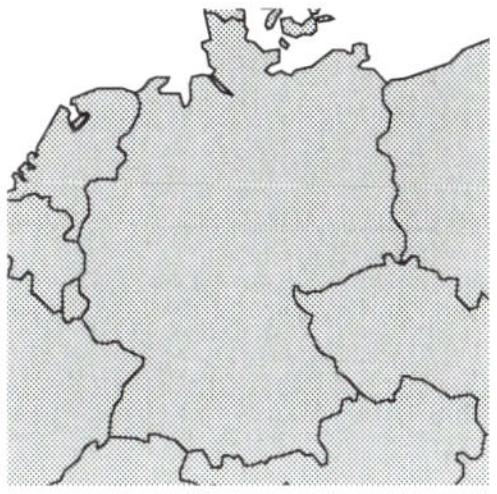

FORELLE

LATEINISCH	Salmo trutta
ENGLISCH	Trout
FRANZÖSISCH	Truites
SCHWEDISCH	Öring
NORWEGISCH	Ørret
DÄNISCH	Ørred
FINNISCH	Taimen

Die Forelle nach dem Fang

Die Forelle schmeckt außerordentlich gut und kann gekocht, gebraten, geröstet, geräuchert und gebeizt werden. Sogar mit einfachen Mitteln, z.B. mit etwas Salz, Zitrone oder Dill läßt sie sich zu einer richtigen Delikatesse zubereiten. Das rötliche Fleisch ist – wie auch bei anderen Lachsfischen - sehr fett.

Eine frische Forelle, ob klein oder groß, muß immer direkt nach dem Fang gesäubert und dann kühl aufbewahrt werden, damit sich ihr Fleisch nicht löst oder verdirbt.

Wie die Äsche eignet sich auch die kleinere Bachforelle ausgezeichnet zum Zubereiten direkt vor Ort. Größere Forellen (3-4 kg oder schwerer) kann man sehr gut räuchern oder beizen. Es empfiehlt sich dabei, den Fisch zunächst für ca. 14 Tage einzufrieren, um eventuell vorhandenen Parasiten zu vernichten. Fette Fische wie die Forelle sollten eigentlich nicht länger als drei bis vier Monate im Tiefkühlfach liegen.

GEGRILLTE FORELLE MIT ENDIVIEN, KRÄUTERSAUTÉ UND SCHWARZWURZELAUFLAUF (REZEPT SEITE 183)

Rezepte für Forelle

Die Forelle ist besonders schmackhaft und gilt als ausgezeichneter Speisefisch. Am besten schmeckt sie vor Ort direkt nach dem Fang. Im Tiefkühlfach kann man sie einige Monate lagern, sie sollte aber mindestens zwei Wochen eingefroren bleiben, damit die möglicherweise vorhandenen Parasiten mit Sicherheit absterben. Die Forelle läßt sich ausgezeichnet beizen.

Warmgeräucherte Lachsforelle mit Äpfeln und Lachsrogen *(für ca. 5-6 Personen)*

1 warmgeräucherte Forelle (ca. 1 kg)
3 große, säuerliche Äpfel
1 Eßlöffel Butter
100 ml Weißwein oder Noilly Prat
ca. 25 g Lachskaviar pro Person
Salz und frisch gemahlener weißer Pfeffer

Als Beilage: Zitronensahne (200 ml Schlagsahne und Saft einer viertel Zitrone) oder Crème fraîche, Fenchel, Dill und geröstetes Brot

Die Forelle von Gräten und Haut befreien. Den gesäuberten Fisch in eine Schale legen. Das fettere Fleisch der Bauchseite nach Möglichkeit entfernen.

Die Äpfel schälen und in kleine Stücke schneiden, dann in Butter aufwärmen, so daß sie etwas Farbe bekommen. In Weißwein aufkochen und kurz kochen lassen, bis sie weich, jedoch nicht breiig werden. Das Ganze geht sehr schnell!

Den warmgeräucherten Fisch mit den Äpfeln vermischen. (Falls das Gericht nicht sofort serviert wird, sollte man die Äpfel zuerst abkühlen lassen.) Danach mit Salz und reichlich Pfeffer abschmecken. Den Kaviar reicht man in kleinen Förmchen separat dazu.

Serviert wird mit Zitronensahne und hauchdünnen Fenchelscheiben; kurz vor dem Servieren mit Salz und Dill abschmecken.

Als Beilage reichen Sie geröstetes Brot.

(Die warmgeräucherte Forelle entfaltet ihren Geschmack am besten, wenn sie frisch geräuchert ist, ohne daß sie vorher eine Zeit lang im Kühlschrank aufbewahrt wurde. Will man das Gericht in aller Ruhe schon etwas früher zubereiten, kann es jedoch eine Nacht im Kühlschrank verbringen.)

Gegrillte Forelle mit Endivien, Kräutersauté und Schwarzwurzelauflauf

4 Forellen ohne Gräten

Als Beilage:
4 Endivien
eine viertel Zitrone
Gemüse (z.B. 1 Mohrrübe, 1 kleines Kürbis,
1 Petersilienwurzel, 1 Zwiebel und 2 Eßlöffel gehackter, frischer Estragon)
ca. Stck. 10 Schwarzwurzel
ca. 150 ml Schlagsahne
Butter
Salz, frisch gemahlener weißer Pfeffer
Senf

Die Endivien in leicht gesalzenem Wasser mit etwas Zitrone blanchieren. Ordentlich abtropfen lassen.

Das Gemüse in einem Mixer oder mit dem Gemüsemesser zerhacken. Es kann in einem Topf leicht angebraten werden, dann geben Sie ein kleines bißchen Wasser hinzu und lassen alles sieden, bis das Gemüse weich wird. Mit Salz, Pfeffer und gehacktem Estragon abschmecken. Die Endivien hinzugeben, den Deckel auflegen und warm halten.

Die Schwarzwurzel schälen, aufschneiden und in einer sehr geringen Menge Wasser und mit etwas Sahne kochen, bis die Schwarzwurzeln weich sind und die Sahne beinahe eingekocht ist. Salz und Pfeffer zugeben.

In einer eingefetteten Auflaufform einige Löffel geschlagene Sahne verteilen, mit etwas Senf vermischen und ein paar Tropfen Zitronensaft hinzugeben. Zum Grillen in den Ofen setzen, bis sich eine leichte Kruste bildet.

Die Forelle mit der Hautseite nach unten in einer Grillpfanne grillen, so daß sich die Wärme langsam im Fischfleisch verteilt. Der Fisch ist gar, wenn die Oberseite warm ist. Den Fisch aus der Pfanne nehmen, salzen und auf einen warmen Teller mit der Hautseite nach oben legen.

Dazu wird der Auflauf als Beilage servier!.

Das Gericht braucht keine Sauce; gut tut ihm dagegen etwas Zitrone!

Tatar aus Forelle

4 Forellen mit Haut (ohne Gräten)
300 g Forellenfilet
3 Anchovisfilets
6 Körner grüner Pfeffer
einige Zweige Petersilie (ohne Stiel)
1 kleine Salzgurke
1 Eßlöffel Kapern
3 Eigelb
Salz
2 Eßlöffel Olivenöl
2 cl Cognac
etwas Worcestersauce
etwas Tabasco oder Cayennepfeffer

Als Beilage pro Person:
1 Teelöffel Rogen der kleinen Maräne
1 Eigelb
junge Salatblätter

Fisch, Kräuter, Olivenöl und Cognac in der Küchenmaschine oder im Mixer vermischen (es geht auch mit dem Küchenesser!), das Eigelb und die Kapern zuletzt hinzugeben, mit Salz abschmecken; mit Rogen und Eigelb garnieren.

Lassen Sie alles vor dem Servieren einige Stunden kalt stehen, damit der Geschmack ausreifen kann.

Der Lachs

Kurze Übersicht

Der Lachs laicht im Kiesgrund der Flüsse. Die Jungen leben dann in denselben Gewässern zwei bis drei Jahre. Danach verlassen sie ihren Heimatfluß und fangen an, sehr schnell zu wachsen, so daß die Lachse nach drei Jahren schon bis zu zehn Kilo wiegen können. Im Meer wird der Lachs nach ca. drei Jahren geschlechtsreif, wonach er zurück in seinen Heimatfluß die Strömung aufwärts zieht, um zu laichen. Gerade diese Weißlachse sind die bevorzugte Beute eines Sportanglers. Recht kurze Zeit danach befinden sich die Lachse in ihrer Laichperiode, und die Qualität ihres Fleisches verschlechtert sich dramatisch. Der Lachs der Laichzeit und der Periode danach ist für den Angler – aber auch für einen Koch – völlig uninteressant.

Es gibt drei Lachssorten. Der atlantische Lachs lebt im nördlichen Atlantik von der Biskaya im Süden bis zum skandinavischen Norden. In der Ostsee lebt eine Lachsart im Brackwasser, die nicht in den Atlantik wandert, sondern in den Meergewässern nahe der Flußmündungen bleibt. Außerdem existiert eine noch vorhandene Süßwasserart in den großen schwedischen Binnenseen.

Die bekannteste Variante ist natürlich der Atlantiklachs. Er laicht vor allem in den Flüssen der skandinavischen Westküsten, in den norwegischen und westschwedischen Flüssen, aber auch auf den Britischen Inseln und in den Flüssen des spanischen Nordostens. Im Atlantik ernährt sich der Lachs hauptsächlich von verschiedenen Kleinkrebsen. Dadurch bekommt das Fleisch auch seine rötliche Färbung. Der Ostseelachs und die Süßwasserlachse fressen vor allem kleine Fische und haben deshalb bedeutend helleres Fleisch.

FAKTEN ÜBER DEN LACHS: Die Lachsjungen schlüpfen auf dem Kiesgrund der Flüsse aus und leben in den Heimatgewässern zwei bis drei Jahre, ehe sie ins Meer wandern. Sie wachsen sehr schnell und können nach drei Jahren ein Gewicht von über zehn Kilo erreichen. Im Meer wird der Lachs in seinem dritten Lebensjahr geschlechtsreif und wandert flußaufwärts zum Laichen zurück.

Der Lachs als Sportfisch

Nicht ohne Grund wird der Lachs als der König der Fische bezeichnet. Das Lachsangeln in den Flüssen beginnt normalerweise im Mai oder Juni und dauert bis September und Oktober an, bis das Angelverbot in Kraft tritt. Die Länge der Angelsaison ist unterschiedlich von Land zu Land und sogar von Fluß zu Fluß, je nach den lokalen Verhältnissen.

In der Regel steigen die großen Lachse zuerst in die Flüsse hoch, ihnen folgen dann mittelgroße und kleinere Lachse. Lachsgewässer gibt es in fast allen europäischen Ländern, in Norwegen sind die Bedingungen allerdings am besten. Einer der bekanntesten Flüsse mit großen Lachsen ist die Alta im norwegischen Norden, wo man schon Exemplare von über 30 kg aus dem Wasser geholt hat. Großlachse gibt es ebenfalls in vielen anderen der ca. 350 Lachsflüsse Norwegens. Dabei handelt es sich um Lachse von 10 kg und mehr.

Die faszinierendste Seite vom Lachsfang besteht darin, daß der Angler einen Fisch zum Anbeißen bringen muß, der überhaupt nicht fressen will. Sobald der Lachs sich nämlich auf seine Wanderung flußaufwärts begibt, hört auf, Nahrung zu sich zu nehmen. Es gelten daher andere Faktoren, die ihn zum Anbeißen bringen müssen, z.B. die Konkurrenz um das Revier. Vielleicht macht gerade das den Lachsfang zu einer richtigen Herausforderung für den Sportangler.

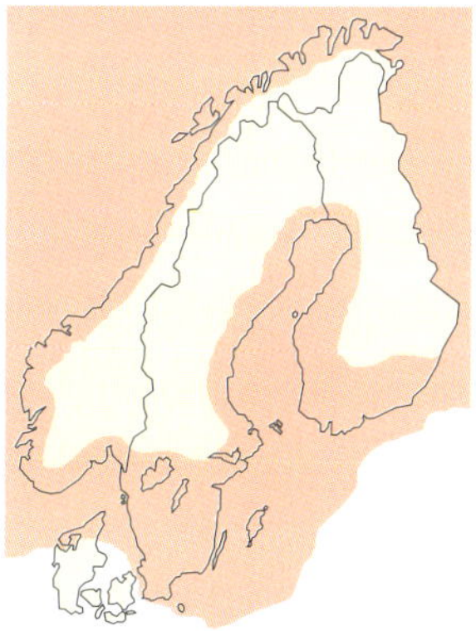

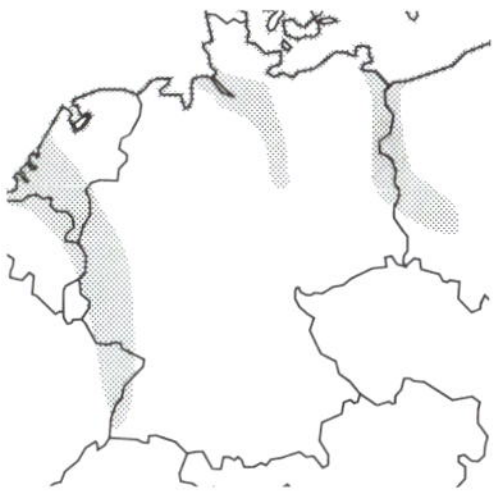

Die Behandlung des Fangs

Eine Faustregel lautet, daß man den Lachs zunächst einfriert, und dies am besten unmittelbar nach dem Angeln, weil man dadurch verhindert, daß die Bakterien in Kontakt mit dem Fleisch kommen. Der Lachs wird auch nicht ausgenommen, sondern ganz eingefroren. Wenn er nicht eingefroren werden soll, muß er ausgenommen und das Blut aus der Pulsader abgelassen werden. Zum Abtropfen hängt man ihn an der Schwanzflosse auf.

Zum Räuchern eignet sich am besten ein Lachs von 6 - 7 kg oder noch besser von über 10 kg. Der Lachs wird kalt geräuchert. Da dies ein schwieriges Unternehmen ist, sollte man den Lachs bei einer Räucherei abgeben. Ein Großlachs kann – nach gründlichem Einfrieren – gebeizt werden, während mittelgroße Lachse am besten gebraten oder gekocht schmecken. Kleinlachse kann man warm räuchern. Man sollte auch nicht vergessen, daß Lachse sehr fettes Fleisch haben, daher sollten sie im eingefrorenen Zustand nicht länger als einige Monate verbringen, damit das Fleisch nicht ranzig wird. Silberblank und mit rosafarbenen Fleisch kommt der Lachs am besten zur Geltung, und er gilt unter den Speisefischen als eine wahre Delikatesse.

LACHS

LATEINISCH	Salmo salar
ENGLISCH	Salmon
FRANZÖSISCH	Saumon
SCHWEDISCH	Lax
NORWEGISCH	Laks
DÄNISCH	Laks
FINNISCH	Lohi

Rezepte für Lachs

Die besten Lachsrezepte sind die unkompliziertesten! Dazu gehört auch der gegrillte Lachs. Man kann auch einen Lachs ausnehmen, ihn mit Dill füllen und - in Alufolie eingewickelt - auf der Glut backen. Als Getränk zu diesen Gerichten paßt ein gut gekühltes Pilsner.

Lachsfilet mit Avocado

600 g frisches Lachsfilet (ohne Haut)
1 Limette oder 1/2 Zitrone
4 Teelöffel Olivenöl
1 Teelöffel Salz
2 Teelöffel Rosépfeffer
1 reife Avocado
Dill

Das Filet zunächst für einige Tage ins Tiefkühlfach legen, danach in hauchdünne Scheiben aufschneiden und auf dem Teller anrichten. Darüber etwas Limonensaft und Olivenöl geben, mit Salz und Rosépfeffer überstreuen.

Die Avocado in der Mitte aufschneiden, den Kern herausnehmen und die Schale entfernen. Das Fruchtfleisch in Scheiben schneiden und zusammen mit dem Dill auf den Lachs legen.

Den Lachs gleich danach servieren. Er sollte im Limettensaft nicht länger liegen, als sie für die Zubereitung der Avocadoscheiben brauchen, sonst verschlechtert sich der Geschmack und die Konsistenz des Fisches.

Pochierter Lachs

ca. 750 g Lachsfilet (ohne Haut)

Brühe:
400 ml Wasser
1 Eßlöffel Salz
400 ml Weißweinessig
200 g Farinzucher
1 Teelöffel ganze Gewürznelken
1 Teelöffel ganzer weißer Pfeffer
2 Teelöffel grob geriebener, frischer Ingwer

Als Beilage: gekochte Kartoffeln, Gurkensalat

Den Lachs in ca. 0,5 cm dünne Scheiben schneiden.

Alle Zutaten vermischen und zusammen aufkochen; etwa 10 Min. sieden lassen. Die Lachsscheiben dazulegen und noch weitere 3-4 Min. kochen. Lassen Sie den Fisch zusammen mit der Brühe abkühlen.

Den Fisch kalt mit Gurkensalat und gekochten Kartoffeln servieren.

GEGRILLTER LACHS

Gegrillter Lachs

ca. 600 g Lachsfilet
1 Eßlöffel Speiseöl
1 Eßlöffel süßer Sherry
1 Eßlöffel Sojasauce

Als Beilage: Salat, Kartoffeln oder Brot

Den Fisch in vier gleichgroße Teile schneiden. Speiseöl, Sherry und Sojasauce vermengen und damit den Fisch bepinseln. Den Fisch über Holzkohle, in einem elektrischen Grill oder auf einer Grillpfanne grillen, 3-4 Min. auf jeder Seite.

Lachsschmetterling mit Petersiliensauce

ca. 700 g Lachfilet (ohne Haut)
Salz
200 ml Wasser

Petersiliensauce:
1 Bund krause Petersilie
Wasser
1 feingehackte Schalotte
100 ml trockener Weißwein
100 ml Fischbouillon
ca. 150 g Butter
Salz, weißer Pfeffer

Als Beilage: gekochte Kartoffeln, eventuell Gurkensalat

Fangen Sie mit der Sauce an. Die Petersilie im kochendem Wasser 1 Min. abbrühen, danach direkt in kaltes Wasser tauchen. Das Wasser abschütteln und die Petersilie fein hacken.

Den Wein und die Schalotte zusammen so lange kochen, bis die Flüssigkeit beinahe verdunstet ist. Die Fischbouillon hinzufügen und alles kochen lassen, bis etwa 30-40 ml übrig bleiben. Die Butter in kleinen Portionen beimischen - die Sauce darf dabei nicht kochen, weil sie sonst zu dünn wird, mit Salz und Pfeffer abschmecken. Kurz vor dem Servieren die Petersilie beimischen. Halten Sie die Sauce warm!

Das Filet in vier gleichgroße Stücke schneiden. Schneiden Sie dabei jedes Stück beinahe ganz durch und klappen Sie beide Hälften so auf, daß sie wie ein Schmetterling aussehen. Die Stücke salzen und ca. 5 Min. in einer tiefen Pfanne in sehr wenig Wasser und ohne Deckel kochen.

Serviert wird der Lachs mit Petersiliensauce und gekochten Kartoffeln; dazu paßt am besten ein Gurkensalat.

Saucen

Weiße Sauce

2,5 Eßlöffel Weizenmehl
5 dl Milch
1-2 Eßlöffel Butter
Salz, weißer oder schwarzer Pfeffer
eventuell ein paar Eßlöffel Sahne

Das Mehl mit etwas Milch in einem kleinen Topf schlagen. Die restliche Milch hinzugeben. Das Fett hinzufügen und alles unter ständigem Umrühren aufkochen lassen. 5 Min. köcheln lassen, mit Salz, Pfeffer und eventuell mit etwas Sahne abschmecken.

Sauce hollandaise

150 g Butter
3 Eigelb
3 Eßlöffel Wasser oder trockenen Weißwein
0,5-1 Eßlöffel gepreßter Zitronensaft
Salz, weißer Pfeffer

Das Fett schmelzen und abkühlen lassen. Eigelb und Wasser oder Wein in einem kleinen Topf vermischen. (Vorsicht! Wenn der Topf aus Aluminium ist, kann die Sauce grau werden, falls man einen Schneebesen aus Stahl benutzt.) Den Topf in ein Wasserbad stellen. Das Wasser darf nicht kochen. So lange mit dem Schneebesen bearbeiten, bis die Sauce anfängt, dick zu werden. Den Topf von der Wärme nehmen. Das Fett unter kräftigem Schlagen hinzugeben: zuerst tropfenweise, dann in einem dünnen Strahl nachgießen. Es darf sich kein Satz am Topfboden bilden. Wenn die Sauce zu dick wird, kann man ein Stückchen Eis oder etwas kaltes Wasser hinzufügen und kräftig schlagen. Mit Zitrone und etwas Salz und Pfeffer abschmecken.

Sauce béarnaise

150 g Butter
5 weiße Pfefferkörner
einige Petersilienzweige
1 Eßlöffel feingehackte Zwiebel
(gelbe oder Schalottenzwiebel)
3 Eßlöffel Weißweinessig
3 Eßlöffel Wasser
3 Eigelb
gehackte Petersilie oder Estragon
etwas Salz

Die Butter schmelzen lassen und etwas abkühlen. Wasser, Essig, Pfeffer, Petersilienzweige und Zwiebel in einem kleinen Topf so weit einkochen, daß ca. die Hälfte zurückbleibt (0,5 dl). Die Flüssigkeit durch ein Sieb gießen und in den Topf zurück. Den Topf in ein Wasserbad stellen, das Wasser darf nicht kochen. Eigelb unter Schlagen mit dem Schneebesen hinzugeben. (Vorsicht! Wenn der Topf aus Aluminium ist, kann die Sauce grau werden, falls man einen Schneebesen aus Stahl benutzt.) So lange schlagen, bis die Mischung dick wird. Den Topf von der Wärme nehmen und unter kräftigem Schlagen das Fett hinzufügen. Es darf sich kein Satz am Topfboden bilden. Wenn die Sauce zu dick wird, kann man ein Stückchen Eis oder etwas kaltes Wasser hinzufügen und kräftig schlagen. Mit feingehackter Petersilie oder Estragon und etwas Salz abschmecken.

Sauce für gebeizten Lachs

3 Eßlöffel Senf (1 Eßlöffel davon ungesüßt)
1 Eßlöffel Zucker
Salz und Pfeffer
1 Eßlöffel Essig
1 dl Öl (kann eventuell gegen
1 dl Mayonnaise ausgetauscht werden)
1 Bund gehackten Dilll

Den Senf mit Zucker, Salz, Pfeffer und Essig in einer Schale vermischen. Das Öl zuerst tropfenweise, dann in einem feinen Strahl unter kräftigem Umrühren hinzugießen. Die Sauce sollte recht dick und cremig sein. Etwas Dill hinzufügen.

Bouillons

In Fisch- und Fleischknochen verbirgt sich viel gutes Aroma. Eine gute Brühe aus Fisch- oder Fleischknochen kann fast jedes Gericht verfeinern. Ein guter Tip: Die Brühe kann als Eiswürfel eingefroren werden. Die Brühwürfel können dann aus der Plastikverpackung bei Bedarf herausgeholt werden.

Fischbouillon

(ca. 750 ml fertige Brühe)
500 - 750 g Fisch (z.B. Kopf, Knochen und Gräten von einem großen Fisch)
ca. 1 l Wasser
2 Teelöffel Salz
1 Porreestange oder gelbe Zwiebelstückchen
Dill oder Petersilie

Eine gute Verwendungsmöglichkeit für kleine Fische oder Reste von größeren bietet die Fischbrühe. Sie kann als Grundlage für Suppen und Saucen verwendet werden. Sie kann gut eingefroren werden!

Die kleinen Fische reinigen und in Stücke schneiden. Wenn Teile eines größeren Fisches dazukommen, sollten unbedingt die Kiemen entfernt werden, da sonst ein bitterer Geschmack entstehen kann. Alles in einen Topf legen, kaltes Wasser hinzufügen und langsam aufkochen lassen. Den Schaum entfernen, Dill, Zwiebel, Petersilie und Salz hinzufügen. Bei schwacher Wärme 20 Min. unter dem Deckel ziehen lassen. Durchseihen und abschmecken. Eventuell kann die Brühe noch weitere 5 Min. ohne Deckel gekocht werden.

Dunkle Wildbouillon

(ca. 1 l)
2 kg zerkleinerte Knochen vom Wild
500 g Sehnen, Fleischreste u.ä.
5-6 Eßlöffel Öl
500 g gelbe Zwiebel
200 g Mohrrüben
100 g Selleriewurzel
1 Knoblauchzehe
1 Eßlöffel Tomatenpüree
75 cl Rotwein
8 Wacholderbeeren
2 Gewürznelken
1 Lorbeerblatt
1 Thymianzweig
etwas Anis
2,5 l Wasser

Die Wildknochen mit Öl auf einem erhitzten Blech bei 175°C bräunen. Ab und zu wenden. Die Sehnen und Fleischreste nach 10 - 15 Min. hinzufügen. Die Knochen ab und zu wieder wenden. Die Zwiebel, Mohrrüben und den Sellerie in Stückchen schneiden, alles hinzufügen und bräunen, ohne anbrennen zu lassen. Aus dem Ofen nehmen und das Fett abgießen. Danach die Knochen und das Gemüse in einen großen Topf legen. Die Knoblauchzehe und das Tomatenpüree hinzufügen. Dann den Wein und die Gewürze hinzugeben. So lange kochen, bis der Wein fast ausgekocht ist. Wasser hinzufügen und 1 - 2 Stunden kochen lassen, bis alles auf die Hälfte eingekocht ist. Die Brühe zum Schluß durchseihen.

Hasenbouillon *(8 Pers.)*

2 abgezogene Hasen á 1,8 - 2 kg
2 gelbe Zwiebeln
2 Mohrrüben
100 g Selleriewurzel
1 Porreestange
3 Eßlöffel Öl
1 Eßlöffel Tomatenpüree

3 dl Madeira
2,5 l dunkle Wildbrühe
15 weiße Pfefferkörner
20 Wacholderbeeren
1 Lorbeerblatt
2 frische Thymianzweige
2 Petersilienzweige

Nachdem die Hasen zerlegt wurden, legt man die inneren und äußeren Filets und die Keulen beiseite. Diese Stücken werden für die "feineren" Gerichte verwendet. Die restlichen Hasenstücken werden noch mehr zerkleinert. Danach werden diese Stücke zusammen mit den Sehnen und anderen Hasenresten in einer Bratenpfanne im Ofen gebräunt, bis sie eine angenehme Farbe bekommen. Aber nicht anbrennen lassen!

Zwiebel, Mohrrüben und die Porreestange in kleine Stückchen schneiden und in einen großen Topf mit dem Öl anbraten. Das Tomatenpüree und den Madeira hinzufügen. Alles aufkochen lassen, bis fast die gesamte Flüssigkeit eingekocht ist. Danach die gebräunten Hasenstücke hinzufügen. Die Wildbrühe hinzugießen. Aufkochen lassen und den Schaum abschöpfen. Pfeffer, Lorbeerblatt und Wacholderbeeren, Thymian und Petersilie hinzufügen. Ca. 2 Stunden kochen lassen, danach durch ein Sieb gießen.

Geflügelbouillon

(ca. 750 ml)
Knochen von ca. 4 Vögeln
mittelgroß, z.B. Birkhuhn)
1 Mohrrübe
1 gelbe Zwiebel
1 Stück Selleriewurzel
2 -3 Selleriestiele
1 Porreestange
2 Eßlöffel Öl
1,5 l Wasser
10 Wacholderbeeren
4 weiße Pfefferkörner
1 Lorbeerblatt
1 Gewürznelke
1 Thymianzweig
1 Rosmarinzweig
1 Petersilienzweig

Die Knochen und das Gemüse zerkleinern. In Öl anbraten, ohne daß die Zutaten Farbe bekommen. Wasser hinzufügen, alles aufkochen und abschäumen. Danach die Gewürze hinzufügen und bei schwacher Wärme 1 -2 Stunden kochen lassen. Ab und zu abschäumen und zum Schluß durch ein Sieb gießen.

Beilagen

Besonders gute Kartoffelpuffer

150 g Kartoffeln
75 g geriebener Käse, etwas stärker im Geschmack
2 -3 Eßlöffel Butter
3 Eigelb
Eischnee aus 3 Eiern
50 ml Sahne
1 Eßlöffel Mehl
Salz und Pfeffer

Die Kartoffeln kochen oder – noch besser – im Ofen backen. Die Butter anbräunen. (Aber nicht anbrennen lassen! Danach abkühlen.

Die Kartoffeln durchpressen und das Eigelb hinzufügen, nach und nach auch den Käse, das Mehl, Sahne und Butter. Alles gut würzen. Von dem sehr steif geschlagenen Eiweiß ungefähr die Hälfte in den Kartoffelteig hineinschlagen. Die andere Eiweißhälfte vorsichtig unterziehen. Eine Bratpfanne (am besten eine Antihaftpfanne) erhitzen und darin die Puffer braten, ca. 2 Min. auf jeder Seite.

Kartoffelgnocchi

1,2 kg Kartoffeln von einer mehligen Sorte
200 g Weizenmehl
2 Eigelb

Die Kartoffeln mit der Schale kochen. Die noch warmen Kartoffeln pellen, durchpressen und mit dem Mehl und den Eigelben zu einem glatten Teig rühren. Den Teig zu 2 cm dicken Stangen formen, in 3 cm lange Teile schneiden und gut gesalzenes Wasser aufkochen lassen. Die Gnocchi hineinlegen. Sie sind gar, wenn sie nach oben steigen! Herausnehmen und bis zum Servieren warm halten.

Gurkensalat

ca. 2 frische Gurken
50 ml Himbeeressig
1 dl Weißwein
etwas Honig
Salz und Pfeffer
1 Bund Petersilie oder blaue Thymianblumen
oder junge Blätter der Ringelblume
Salz und Pfeffer

Die Gurken in Scheiben schneiden. Rühren Sie eine Salatsauce aus 50 ml Himbeeressig und 1 dl Weißwein, mit Honig abschmecken und etwas gehackte Petersilie darüber streuen, mit Salz und Pfeffer abschmecken. Wenn Sie die Möglichkeit haben, blaue Thymianblumen oder Ringelblumenblätter zu bekommen, dann ist es ein für das Auge sehr ansprechender Ersatz anstelle von Petersilie.

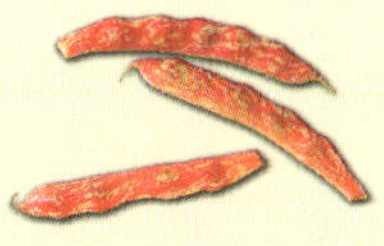

Rührei

4 Eier
8 Eßlöffel Sahne, Milch oder Wasser
Salz und Pfeffer
etwas Butter

Butter schmelzen, die Eier aufschlagen, die Eimasse zur geschmolzenen Butter hinzufügen, die aufgeschlagenen Eier hineingeben, vorsichtig umrühren, bis die Masse dick wird.

Kartoffelsalat

6 -8 festkochende Kartoffeln
50 dl Weißweinessig
2 dl Olivenöl
eine halbe rote und eine halbe gelbe Paprika
1 Tomate
1 Salatzwiebel
1 kleiner Kopfsalat
1 kleiner Kopf Friséesalat

Die Kartoffeln mit der Schale kochen. Die noch warmen Kartoffeln pellen und in Scheiben schneiden. Die Vinaigrette anrühren, die Paprika entkernen und abbrühen. Die Salatzwiebel kleinschneiden, und die Tomate abbrühen und schälen, aushöhlen und das Fruchtfleisch in Stücke schneiden. Alles vermischen und den Salat etwas durchziehen lassen.

In Sahne gekochter Weißkohl

300 g Weißkohl
2 Eßlöffel Butter
2 dl Sahne
1 Apfel
1 Zwiebel
25 ml Brühe
Salz und Pfeffer
etwas Muskat
1 -2 Eßlöffel Apfelcideressig

Den grobgehackten Weißkohl zusammen mit der in Würfel geschnittenen Zwiebel in Butter anbraten, bis alles glasig wird. Die Brühe hinzufügen; aufkochen und die Sahne hinzugeben. Den Apfel schälen und entkernen, vierteln und in Würfel schneiden. Den Apfel noch einige Minuten mit dem Kohl kochen lassen. Mit Salz, Pfeffer, Muskat und Apfelcideressig abschmecken.